PFAHLBAUQUARTETT

PFAHLBAUQUARTETT

4 Museen präsentieren 150 Jahre Pfahlbau-Archäologie

Katalog zu den vier Ausstellungsorten: Wohnen am See – Archäologisches Landesmuseum Baden-Württemberg, Konstanz; Wirtschaft am See – Museum für Archäologie des Kantons Thurgau, Frauenfeld; Mensch am See – Pfahlbaumuseum Unteruhldingen und Mobilität am See – Federseemuseum Bad Buchau.

Herausgeber
Archäologisches Landesmuseum Baden-Württemberg, Konstanz
Amt für Archäologie des Kantons Thurgau, Frauenfeld
Pfahlbaumuseum Unteruhldingen
Federseemuseum Bad Buchau
Landesdenkmalamt Baden-Württemberg, Hemmenhofen

Ausstellung

Die vierteilige Ausstellung «Pfahlbauquartett – 4 Museen präsentieren 150 Jahre Pfahlbau-Archäologie» findet vom 16. Mai bis 3. Oktober 2004 statt.

Impressum

Mit Beiträgen von Ralf Baumeister, Federseemuseum Bad Buchau; Marion Heumüller, Landesdenkmalamt Baden-Württemberg; Urs Leuzinger, Amt für Archäologie des Kantons Thurgau; Helmut Schlichtherle, Landesdenkmalamt Baden-Württemberg; Gunter Schöbel, Pfahlbaumuseum Unteruhldingen.

Redaktion B. Fatzer und U. Leuzinger

Gedruckt mit freundlicher Unterstützung der Vereinigung der Freunde und Förderer des Archäologischen Landesmuseums Baden-Württemberg e.V.

Die Deutsche Bibliothek – CIP-Einheitsaufnahme
Pfahlbauquartett – 4 Museen präsentieren 150 Jahre Pfahlbau-Archäologie.
Frauenfeld, 2004. ISBN 3-9522941-0-1

Gestaltung und Satz
TGG Hafen Senn Stieger
Gesamtherstellung
Huber & Co. AG,
Graphische Unternehmung
und Verlag,
8501 Frauenfeld
Printed in Switzerland

Inhaltsverzeichnis

Die Idee zum Pfahlbauquartett

Im Jahr 1854 erschien von Ferdinand Keller (1800–1881) der erste Pfahlbaubericht mit dem Titel: «Die keltischen Pfahlbauten in den Schweizerseen». Somit jährt sich 2004 die «Entdeckung» der Pfahlbauten zum 150. Mal. Wegen dieses Jubiläums veranstalten zahlreiche Museen, Universitäten und archäologische Dienststellen rund um die Alpen Sonderausstellungen, Vortragszyklen, Kongresse, Forschungsgrabungen. Eine erste Kontaktaufnahme von Seiten des Museums für Archäologie des Kantons Thurgau richtete sich an die Nachbarinstitutionen rund um den Bodensee. Dort rannte man geradezu offene Türen ein. Die Verantwortlichen des Landesdenkmalamtes Baden-Württemberg, des Archäologischen Landesmuseums Baden-Württemberg, des Federseemuseums Bad Buchau und des Pfahlbaumuseums Unteruhldingen sagten spontan zu, sich an einem Gemeinschaftsprojekt zu beteiligen.

Aus der ursprünglich noch vagen Idee einer internationalen Bodensee-Pfahlbauschau entstand ein tragfähiges und für alle beteiligten Institutionen akzeptables Konzept. Die vier Ausstellungsmodule zu den Themen «Wohnen am See», «Wirtschaft am See», «Mensch am See» und «Mobilität am See» wurden unter dem gemeinsamen Titel «Pfahlbauquartett» zusammengefasst. Jedes Haus verpflichtete sich, die besten Objekte zum jeweiligen Thema seinen Partnern zur Verfügung zu stellen. So lassen sich die überregionalen Spitzenstücke zu jedem Quartett-Modul an einem Ort vereinigt bewundern. Dadurch kommen auch Ausstellungsbesuchende, die nicht alle vier Museen besichtigen können oder wollen, auf ihre Kosten.

Der vorliegende Katalog verbindet die vier Ausstellungen in Konstanz, Frauenfeld, Unteruhldingen und Bad Buchau. In einem ersten Teil sind die archäologischen Erkenntnisse der letzten 150 Jahre zusammengefasst. Nach einer kurzen Forschungsgeschichte und Chronologie befassen sich vier Kapitel mit den Themen «Wohnen», «Wirtschaft», «Mensch» und «Mobilität» während der Jungstein- und Bronzezeit rund um den Bodensee. Diese reich bebilderten Texte sind für interessierte Laien, Lehrkräfte mit ihren Schulklassen und Touristen geschrieben, und vermitteln – auch ohne Ausstellungsbesuch – den aktuellen Forschungsstand der Pfahlbauarchäologie in der Bodensee-Region.

Am Schluss der Publikation sind 100 Spitzenstücke in einem Katalogteil zusammengefasst. Diese Fundobjekte – das Spektrum reicht von Fischreuse bis Ziegenkot – sind die einzelnen «Quartettkarten», die das Leben und die Umwelt zur Pfahlbauzeit auf spektakuläre Weise wieder erleb- und begreifbar machen.

Die vorliegende Schrift und die vier Ausstellungs-Module sind das Produkt einer engen internationalen Zusammenarbeit. Archäologinnen und Archäologen rund um den Bodensee lieferten ihre Erkenntnisse und Forschungsresultate. Dank des Pfahlbauquartetts konnten – was auch die politischen Verantwortlichen freuen dürfte – die Kosten gesenkt und die Effizienz gesteigert werden. Der interessierten Öffentlichkeit möchten wir die Ausstellungen und den vorliegenden Katalog widmen.

Ralf Baumeister, Urs Leuzinger, Helmut Schlichtherle und Gunter Schöbel

Forschungsgeschichte

150 Jahre Pfahlbauarchäologie am Bodensee und Federsee

Im Jahre 1854 erschien von Ferdinand Keller (1800 – 1881) «Die keltischen Pfahlbauten in den Schweizer Seen» im ersten Pfahlbaubericht, herausgegeben von der Antiquarischen Gesellschaft Zürich. Vorangegangen waren Entdeckungen von ausserordentlich gut erhaltenen Funden sowie Pfahlstellungen im Zürich-, Bieler- und Bodensee. Die Veröffentlichung löste ein wahres Pfahlbaufieber aus. Innerhalb kürzester Zeit wurden an allen Alpenrandseen und in vielen Mooren Pfahlbausiedlungen entdeckt. Der 1848 gegründete und somit 1854 noch junge schweizerische Bundesstaat reklamierte die Pfahlbauten als wichtigen Teil seiner Nationalgeschichte. Für viel Geld hatte man Victor Gross' Sammlung von Funden aus dem Bielersee für das Bundeshaus angekauft. Zahlreiche Funde und eigens in Auftrag gegebene Ölgemälde wurden an Weltausstellungen wie der von 1867 und 1889 in Paris oder 1873 in Wien gezeigt. Die Geschichte begann nicht mehr in Rom oder Athen, sondern mit den Pfahlbauten von Steckborn, Wangen und Schussenried. Grosse internationale Kongresse mit Pfahlbaufunden im Mittelpunkt fanden 1864 und 1877 in Konstanz und 1899 in Lindau statt. R. Virchow, Mediziner und Sozialanthropologe aus Berlin, O. Montelius aus Stockholm, J. Ranke aus München, M. Hoernes aus Wien und J. Kollmann aus Basel diskutierten auf Grund der Pfahlbauten in der Bodenseeregion über deren Bedeutung für die frühe Geschichte Europas. In diesem Zusammenhang sind regionale Museumsgründungen und die Einrichtung neuer Museumsabteilungen in bereits bestehenden Häusern zu verzeichnen. Illustrationen von Pfahlbauten in Wochenzeitungen oder volkstümliche Geschichtsbändchen erläuterten die Geschichte der Pfahlbauer einem grossen Publikum.

Pfahlbauforschung im Thurgau

Bei der Erforschung der thurgauischen Pfahlbausiedlungen im 19. Jahrhundert war vor allem der Landwirt und Altertumsforscher Jakob Messikommer aus Wetzikon ZH federführend. Er grub in den wichtigen Fundstellen Niederwil/Gachnang-Egelsee und Arbon-Bleiche. Aber auch die prähistorischen Ufersiedlungen von Eschenz-Insel Werd, Pfyn-Breitenloo oder Steckborn-Schanz wurden bereits ab 1858 von Lehrern, Landwirten und Pfarrern mehr oder weniger systematisch untersucht.

Von 1929 an grub Karl Keller-Tarnuzzer, damaliger Zentralsekretär der Schweizerischen Gesellschaft für Urgeschichte, mehrere Seeufersiedlungen grossflächig aus. Dank zahlreicher Zeitungsartikel verhalf er der Pfahlbauforschung im Thurgau zu grosser Popularität. Besonders aufsehenerregend waren seine Grabungen in Pfyn-Breitenloo. Dort legte er 1944, zusammen mit 30 internierten polnischen Soldaten unter der Leitung von Leutnant Henrik Dawid, etwa 17 Häuser aus dem späten 38. Jahrhundert v. Chr. sowie zahlreiche Artefakte frei. Diese gut erhaltenen Funde wurden später sogar zum Namen gebenden Referenzmaterial der Pfyner Kultur, die von 3900 bis 3500 v. Chr. datiert. Mit derselben Equipe grub K.K.-T. – so signierte er seine Zeitungsartikel – ein Jahr später die frühbronzezeitliche Seeufersiedlung Arbon-Bleiche 2 aus. Auch diese Befunde wurden weit über die Landesgrenzen hinaus bekannt.

1962 wurde durch das Bauvorhaben eines Abwasserbeckens der Zuckerfabrik Frauenfeld die seit langem bekannte Station Niederwil/Gachnang-Egelsee bedroht. Deshalb betraute man ein niederländisches Team des Biologisch-Archaeologisch Instituut der Universität Groningen unter der Leitung von Professor Hans T. Waterbolk mit den Rettungsgrabungen. Wegweisend für zukünftige Projekte war der interdisziplinäre Ansatz dieser Forscher: so wurden nebst archäologischer Untersuchungen auch kalibrierte C 14-Datierungen, Pollenanalysen und osteologische Auswertungen durchgeführt.

Ein Nationalfondsprojekt ermöglichte in den Jahren 1981 bis 1983 eine systematische Kartierung der Siedlungen am schweizerischen Boden- und Unterseeufer. Insgesamt wurden dabei über 1000 Bohrkerne von Josef Winiger und Albin Hasenfratz gezogen und untersucht. Diese Kartierung prähistorischer Seeufersiedlungen ist auch heute noch ein wesentliches Hilfsmittel für Raumplanung und Uferschutz. In den letzten 15 Jahren führte das Amt für Archäologie des Kantons Thurgau zwei besonders erwähnenswerte Grossgrabungen in Seeufersiedlungen durch. Einerseits konnte das spätbronzezeitliche Dorf

Ürschhausen-Horn im Seebachtal, andererseits die in den Übergangsbereich zwischen Pfyner und Horgener Kultur datierte Station Arbon-Bleiche 3 (3384–3370 v. Chr.) umfassend untersucht werden.

Entlang der beinahe 90 Kilometer langen Uferlinie auf thurgauischem Territorium sind bis heute über 30 Siedlungsplätze bekannt. Die meisten sind durch Wellenschlag, Hafenbauten oder Schiffsverkehr von Erosion bedroht. Da ein Ausgraben dieser gefährdeten Stationen jegliches Budget sprengen würde, sind Bestrebungen im Gange, die offenliegenden Schichten mit Sediment abzudecken. Eine erste archäologische Schutzmassnahme in den Seeufersiedlungen von Ermatingen-Westerfeld im Winter 1998 war sehr erfolgreich. Insgesamt wurden über 700 Quadratmeter Siedlungsschichten mit einem Kieskoffer überdeckt und so vor zukünftiger Erosion gesichert.

Pfahlbauforschung am deutschen Bodenseeufer und im Federseemoor

Die Begeisterung der Öffentlichkeit über die Pfahlbauten führte bereits im 19. Jahrhundert an vielen Orten zu neuen Entdeckungen, Aufsammlungen und Ausgrabungen. Forscherpersönlichkeiten wie der Konstanzer Apotheker L. Leiner, der Wangener Ratschreiber K. Löhle, der Überlinger Stiftungsverwalter X. Ullersberger oder der Schussenrieder Revierförster E. Frank rückten bald zu wichtigen Sachverständigen der internationalen Altertumswissenschaft auf. Ihre Funde sind heute noch als Belege der Wertschätzung durch Politik und Öffentlichkeit zu sehen, nicht nur in Karlsruhe, Stuttgart und Sigmaringen, sondern auch in Paris, London und Berlin. Nachvollziehbare Ausgrabungspläne, Siedlungs- oder Fundeinmessungen, wie sie heute üblich sind, fehlen dagegen weitgehend aus dieser Zeit. Erstaunlich sind allerdings die bereits damals erzielten Ergebnisse zum Haus- und Wildtierbestand, aber auch zum Kultur- und Wildpflanzenspektrum der Stein- und Bronzezeit. Den beiden Wissenschaftlern L. Rütimeyer und O. Heer verdanken wir sogar den «Pfahlbauhund», das «Torfrind» und den «Pfahlbauweizen».

Auf Drängen des Bodenseegeschichtsvereins, der mit seinen Mitgliedern aus allen Anrainerstaaten ab 1868 die Forschungen überwachte, untersuchte K. Schuhmacher 1897/1898 erstmals mit Profilschnitten und Kartierung die durch Raubgrabungen bereits stark geplünderten Pfahlbauten von Bodman und Unteruhldingen. Schichtenfolgen und Ausdehnungen der Pfahlfelder wurden aufgenommen und dadurch wurde eine Unterscheidung einander folgender Siedlungsanlagen möglich. In Oberschwaben setzte ab 1919 das Urgeschichtliche Forschungsinstitut Tübingen unter R. R. Schmidt die bereits durch Frank im Jahre

1

1 Jakob Messikommer (1828 – 1917) mit dem Modell eines Pfahlbauhauses.
2 Pfahlbauten von Nussdorf und Maurach am Überlinger See, 1864.
3 Ausgrabung in Pfyn-Breitenloo mit internierten polnischen Soldaten, 1944. Diese Station gab der Pfyner Kultur (3900 – 3500 v.Chr.) ihren Namen.
4 Ausgrabung in der jungsteinzeitlichen Seeufersiedlung Arbon-Bleiche 3 von 1993–1995.
5 Abdeckmassnahme in der Station Ermatingen-Westerfeld unter Mithilfe der Schweizer Armee.

2

3

4

5

1875 begonnenen Aufdeckungen in der Siedlung Schussenried in einer methodisch planvollen und von den Naturwissenschaften begleiteten Untersuchung fort.

Es gelang, den Moorgeologen C. A. Weber, die Botaniker K. Bertsch und E. Neuweiler, den Zoologen R. Vogel, den Molluskenforscher D. Geyer, den Anthropologen H. Weinert, den Lichtbildner H. Dürr, den Luftbildfotografen P. Strähle, den Jahrringforscher B. Huber und weitere Spezialisten für die Grabungsanalysen zu gewinnen. Mit dem 20. Jahrhundert war eine Schwerpunktverlagerung hin zu Fragen der Siedlungsarchäologie erfolgt, die erstmals auch fundierte Haus-, Siedlungs- und Landschaftsrekonstruktionen beinhaltete. Im Zuge des flächigen Torfabbaus im Federseemoor konnten nicht nur Einbäume und Bohlenwege, sondern auch über 100 Hausgrundrisse in sieben Siedlungen im südlichen Teil ausgegraben und analysiert werden. Beachtenswert sind die Unternehmungen Schmidts in Aichbühl und Riedschachen bei Bad Schussenried und die seines Schülers Hans Reinerth in Tannstock, Taubried, Dullenried und vor allem diejenige in der «Wasserburg-Buchau», die als Flächengrabung eines ganzen Dorfes die Pfahlbauforschung beispielhaft bestimmte.

Der Ausgrabung mit nachfolgender Planfotografie folgte die zeichnerische Auswertung und Rekonstruktion der Siedlungsanlagen im Modell. Die Ergebnisse erschienen in wissenschaftlichen und populären Publikationen, die europaweit Verbreitung fanden. Die neuen Analyse- und Rekonstruktionsverfahren strahlten 1929/1930 auch an den Bodensee aus. In der «Caissongrabung» Sipplingen gelang es dem Tübinger Forscher Reinerth mit Hilfe des Bodenseegeschichtsvereins in einem 22 mal 22 Meter messenden Senkkasten unterhalb der Wasserlinie in Tag- und Nachtschichten Siedlungsreste eines steinzeitlichen Pfahlbaus aufzudecken.

Schon 1921 hatte Reinerth in Lindau von den wegweisenden Ausgrabungen und Rekonstruktionen im Federseemoor berichtet. Im Jahre 1922 führte das in Unteruhldingen zur Gründung des Freilichtmuseums «Pfahlbauten» mit stein- und bronzezeitlichen Hausrekonstruktionen unter der Leitung seines akademischen Lehrers Schmidt und dem örtlichen Pfahlbauverein unter Ortsbürgermeister G. Sulger. Die hervorragende Siedlungserhaltung und die daraus resultierenden Möglichkeiten vorgeschichtliche Lebensbedingungen zu rekonstruieren, führten zu einer intensiven Zusammenarbeit über die Grenzen hinweg. K. Keller-Tarnuzzer und H. Reinerth bearbeiteten 1925 die Urgeschichte des Thurgaus und richteten zahlreiche Museen am Nord- und Südufer des

1

1 Leitergestell für Planfotografie Schussenried-Riedschachen mit Lichtbildner H. Dürr anlässlich der Ausgrabung 1919 des jungsteinzeitlichen Dorfes Riedschachen II, Moorbau 1.
2 Ausgrabungssituation 1927 in der spätbronzezeitlichen Ufersiedlung «Wasserburg-Buchau», Aussenpalisade Nordwestabschnitt mit Mitgliedern des Buchauer Altertumsvereins. M. Vierfelder links im Vordergrund.
3 Sipplingen 1930: Ausgrabung im «Caisson» innerhalb der jungsteinzeitlichen Siedlung. H. Reinerth am Tisch stehend.

Bodensees unter Miteinbeziehung ihrer Ergebnisse in Sipplingen, auf der Rheininsel Werd oder der bronzezeitlichen Siedlung «Wasserburg-Buchau» gemeinsam neu ein. So gelangten die rekonstruierten Häuser des Federseemoors als Kleinmodelle oder 1:1 in die Museen von Unteruhldingen, Steckborn oder Rorschach. Wichtige Fundstücke und Befunde aus Schweizer Ausgrabungen tauchten in deutschen Freilichtmuseen oder im vielgelesenen Jugendbuch «Die Inselleute vom Bodensee» wieder auf.

2

3

Unter dem Nationalsozialismus in Deutschland übernahm Hans Reinerth federführend innerhalb der Archäologie die Neuausrichtung der Inhalte. Dies betraf auch die Pfahlbauten. Das Bild einer «Südsee-Bevölkerung», dem sich noch die 1920er-Jahre hingebungsvoll gewidmet hatten, löste die Vorstellung von entsprechend den germanozentrischen Leitbildern der Zeit finster dreinblickende Germanen ab. Die nationalistische Geschichtsforschung führte zwar zur Planung und Gründung neuer Freilichtmuseen in Bad Buchau, Unteruhldingen und Radolfzell, sowie zu einer breiten Verankerung der Thematik in den Lehrplänen und den Medien. Noch während des Zweiten Weltkrieges brach ein erbitterter Streit über die Bauweise der Pfahlbauten aus – ebenerdig oder abgehoben. Die radikalen Thesen Oskar Parets gegen die abgehobene Bauweise und die Zustimmung der Forscher mit der totalitären Politik liessen zunächst ausserordentliche Leistungen wie die frühe Jahrringforschung in Bad Buchau oder Unteruhldingen vergessen. Auch der Anfang der Taucharchäologie 1955 durch Reinerth fand deswegen wenig Beachtung.

Erst mit dem Wiederaufleben der wissenschaftlich anerkannten Feldforschung im Jahre 1979 durch das Projekt Bodensee-Oberschwaben unter H. Schlichtherle begann allmählich wieder eine interdisziplinäre und grenzüberschreitende Zusammenarbeit. Im Rahmen des vom Landesdenkmalamt Baden-Württemberg ins Leben gerufenen Projektes «Bodensee-Oberschwaben» fanden zunächst Plangrabungen in Hornstaad (1979/1993) und in Wangen (1981/1982) am Untersee statt. Die von der Deutschen Forschungsgemeinschaft unterstützten Arbeiten konnten durch Untersuchungen von Botanikern, Zoologen, Sedimentologen und Dendrochronologen in ihren Aussagen entscheidend bestärkt werden. Die Entwicklung einer taucharchäologischen Gruppe führte ab 1981 zu einem ausgedehnten Sondierungsprogramm, das die vollständige Erfassung aller Pfahlbausiedlungen am deutschen Bodenseeufer von Öhningen bis Friedrichshafen und ihren Schutz zur Aufgabe hat.

In den Siedlungen von Bodman-Schachen, Sipplingen, Unteruhldingen und Hagnau konnten in Tauchsondierungen mit modernster Methodik ganze Siedlungen unterhalb der Wasserlinie aufgenommen werden. Wegen der flächigen Erosion der Uferbänke sind inzwischen vielerorts Bestrebungen im Gange, durch schützende Abdeckmassnahmen den Bestand an Pfahlbauten für die Nachwelt zu erhalten. An den Seen Oberschwabens und insbesondere am Federsee konnten mit Schwerpunkt auf das nördliche Ried inzwischen viele neue Moorsied-

1

1 Titelblatt des Jugendbuches «Die Inselleute vom Bodensee», Karl Keller-Tarnuzzer.
2 Pfahlprobenentnahme für die Jahrringforschung in der jungsteinzeitlichen Ufersiedlung Unteruhldingen-Bayenwiesen 1939.
3 10. Juli 1938: Eröffnung des Freilichtmuseums Radolfzell-Mettnau durch H. Reinerth und Reichsstatthalter Robert Wagner, Baden.
4 Unterwasserforschung 1955 in Unteruhldingen am Bodensee.

2

3

4

lungen bei Seekirch, Musbach, Bad Buchau-Siedlung Forschner, Bad Buchau-Wuhrstrasse, Alleshausen, Ödenahlen in Ausschnitten aufgenommen werden. Es folgten Nachuntersuchungen in nahezu allen altbekannten Stationen des Gebiets. Auch am Federsee konnten durch die Denkmalpflege Flächenschutzmassnahmen im Zuge einer Reservatbildung initiiert und somit der weiteren Zerstörung durch Grundwasserabsenkungen und landwirtschaftliche Nutzung Einhalt geboten werden.

Als Ergebnis der aktuellen Feldforschung sind Museumsneugründungen in Gaienhofen, Wangen und der Ausbau länger bestehender Museen wie etwa Bad Buchau, Biberach, Stuttgart oder Unteruhldingen zu verzeichnen. Vieles, was in den Ausstellungen in Konstanz, Frauenfeld oder in weiteren Museen am Bodensee und Federsee zu sehen ist, verdankt sein Entstehen einer 150-jährigen Zusammenarbeit zwischen schweizerischer und deutscher Forschung in der Region und nimmt sich damit die Stein- und Bronzezeit zum Vorbild, die Grenzen wie heute nicht kannte.

Urs Leuzinger und Gunter Schöbel

1 Nachuntersuchung 1998 in der spätbronzezeitlichen Siedlung «Wasserburg-Buchau», Nordosttor.
2 Typische Sondierung des Projektes Pfahlbauarchäologie entlang eines Entwässerungsgrabens in der jungsteinzeitlichen Siedlung von Alleshausen 1992.

1

2

Literatur

Brem / Schnyder / Leuzinger 2001
Furger / Fischer / Höneisen 1998
Hasenfratz 1997
Keefer 1992
Keller 1854
Keller / Reinerth 1925
Reinerth 1936; 1938
Schlichtherle 1997b; 2003b
Schmidt 1930
Schöbel 1996; 2000; 2001; 2002
Strobel 2000b; 2002
Winiger / Hasenfratz 1985

Chronologie

Marion Heumüller und Helmut Schlichtherle

Die Zeit der Seeufersiedlungen (Pfahlbauten) beginnt etwa 4200 v.Chr. und dauerte mit Unterbrechungen bis 600 v.Chr. In diesen dreieinhalb Jahrtausenden siedelten die Menschen in den Flachwasserzonen des Bodensees, in Mooren und an Kleinseen des Thurgaus wie auch Oberschwabens. In dieser Zeit verändern neue technische Errungenschaften die menschliche Gesellschaft und ihre Siedlungsweise grundlegend. Die Erfindung der Metallverarbeitung – in der Jungsteinzeit gibt es bereits erste Kupfergegenstände – bringt neue Geräte, Waffen und Schmuck aus Bronze hervor. Zu Beginn der Hallstattzeit kommt dann erstes Eisenwerkzeug auf. Aber auch der Einsatz von Arbeitstieren in der Landwirtschaft, die Einführung des Pflugackerbaus und die Erfindung von Rad und Wagen sind wesentliche Innovationen, die eine verbesserte Nahrungsversorgung und Handel mit weit entfernten Regionen ermöglichen.

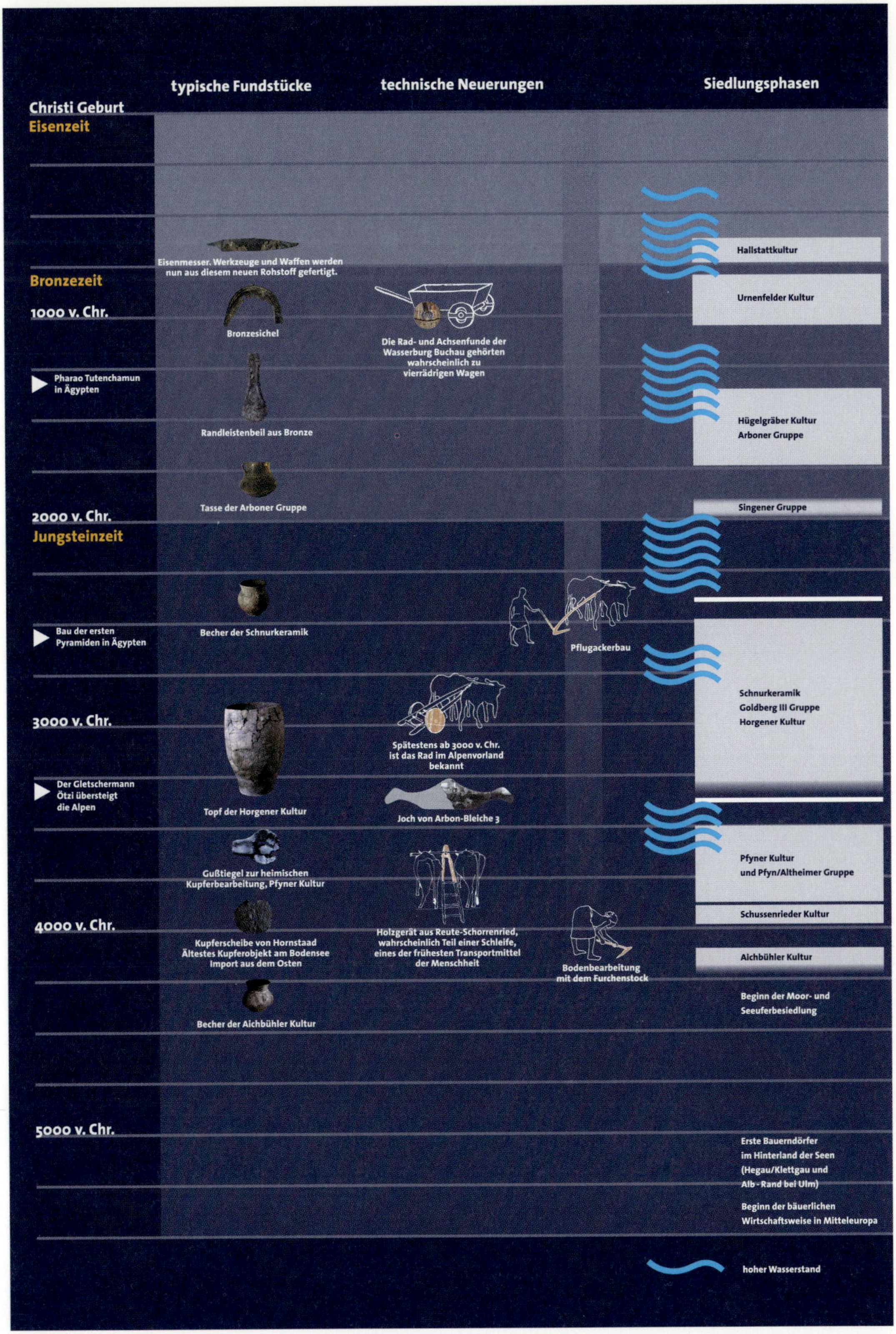

typische Fundstücke
technische Neuerungen
Siedlungsphasen
Christi Geburt
Eisenzeit
Eisenmesser. Werkzeuge und Waffen werden nun aus diesem neuen Rohstoff gefertigt.
Hallstattkultur
Bronzezeit
1000 v. Chr.
Bronzesichel
Die Rad- und Achsenfunde der Wasserburg Buchau gehörten wahrscheinlich zu vierrädrigen Wagen
Urnenfelder Kultur
Pharao Tutenchamun in Ägypten
Randleistenbeil aus Bronze
Hügelgräber Kultur
Arboner Gruppe
Tasse der Arboner Gruppe
Singener Gruppe
2000 v. Chr.
Jungsteinzeit
Bau der ersten Pyramiden in Ägypten
Becher der Schnurkeramik
Pflugackerbau
Schnurkeramik
Goldberg III Gruppe
Horgener Kultur
3000 v. Chr.
Spätestens ab 3000 v. Chr. ist das Rad im Alpenvorland bekannt
Der Gletschermann Ötzi übersteigt die Alpen
Topf der Horgener Kultur
Joch von Arbon-Bleiche 3
Gußtiegel zur heimischen Kupferbearbeitung, Pfyner Kultur
Pfyner Kultur
und Pfyn/Altheimer Gruppe
Schussenrieder Kultur
4000 v. Chr.
Kupferscheibe von Hornstaad
Ältestes Kupferobjekt am Bodensee
Import aus dem Osten
Holzgerät aus Reute-Schorrenried, wahrscheinlich Teil einer Schleife, eines der frühesten Transportmittel der Menschheit
Bodenbearbeitung mit dem Furchenstock
Aichbühler Kultur
Beginn der Moor- und Seeuferbesiedlung
Becher der Aichbühler Kultur
5000 v. Chr.
Erste Bauerndörfer im Hinterland der Seen (Hegau/Klettgau und Alb-Rand bei Ulm)
Beginn der bäuerlichen Wirtschaftsweise in Mitteleuropa
hoher Wasserstand

Wohnen am See

Baubefunde

Als die ersten Bauern in Mitteleuropa vor rund 7500 Jahren begannen, feste und einigermassen dauerhafte Behausungen zu errichten, bauten sie ihre Dörfer zunächst auf fruchtbaren Böden nahe der Ackerflächen. Erst im weiteren Verlauf der Steinzeit suchte man zunehmend auch ungünstigere Siedlungslagen auf. So wurde seit rund 6000 Jahren unmittelbar an Seeufern und in Mooren gesiedelt. Die Gründe der Menschen, sich ausgerechnet in diesen überflutungsgefährdeten und im Sommer sicher mückenverseuchten Feuchtgebieten niederzulassen, waren vielfältig: das «Bauland» war bereits baumfrei, Hauspfähle im weichen Boden leichter einzurammen und das fischreiche Wasser schnell zu erreichen. Zudem boten die Wasserflächen und das Moor auch einen gewissen Schutz vor Feinden und die Seen mit dem Boot eine grosse Bewegungsfreiheit. Was auch immer ausschlaggebend gewesen sein mag, für die Archäologen heute war dies eine ausgesprochen glückliche Wahl, da dank der besonderen Erhaltungsbedingungen unter Abschluss von Sauerstoff eine Fülle von organischen Materialien erhalten blieb.

Vom Baum zum Haus

Holz war nördlich der Alpen lange Zeit der wichtigste Baustoff. Erst mit der Ankunft der Römer hielt auch die Steinbauweise ihren Einzug. Bis dahin wurden die Häuser aus Holz gebaut. Für tragende Elemente setzte man vor allem das Hartholz der Eiche ein. Am Bodensee war ein Grossteil der Bauten warscheinlich abgehoben konstruiert. In den Mooren und auf höherer Uferlage kleinerer Seen wurden die Häuser meist ebenerdig errichtet. Spezielle Konstruktionen verhinderten das Einsinken der Häuser in den weichen Grund. Durch tiefgreifende Pfähle suchte man Halt in stabileren Schichten. «Pfahlschuhe» verteilten das Gewicht auf eine grössere Fläche.

In der Regel waren die 6 – 12 m langen Rechteckbauten zweischiffig. Kleinere Häuser konnten ohne Mittelpfosten gebaut werden. In der Bronzezeit kamen mehrschiffige Grossbauten auf. Ständerbauweise, bei der die Dachlast über mehrere Ständer von einem liegenden Schwellholz aufgenommen wird, sowie Blockbauweise – hier wird die Dachlast von den Wänden getragen – wurden ebenfalls angewandt.

1 mögliche Konstruktionen
2 Brettschindeln Arbon-Bleiche 3. Die geradlinig verlaufenden Brandspuren lassen sich durch waagrechte und senkrechte Überlappungen der Bretter erklären. Eine Verwendung im Bereich des Daches ist daher wahrscheinlich.
3 Wandaufbau
4 Pfahlschuh und Rost aus Haselstangen
5 Fussboden

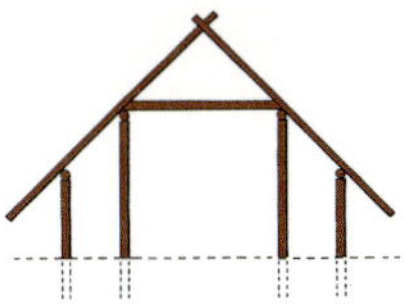

1

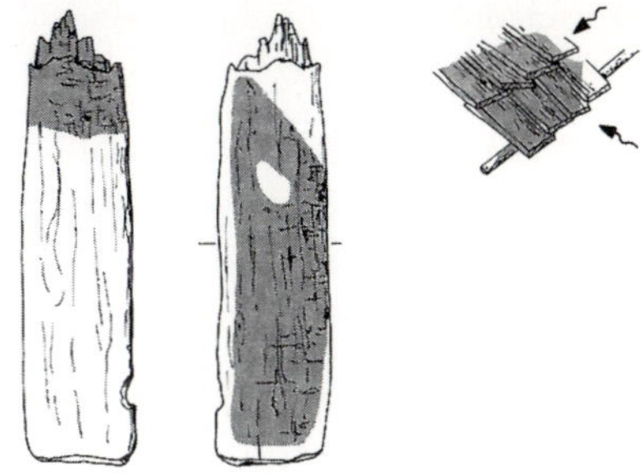

2

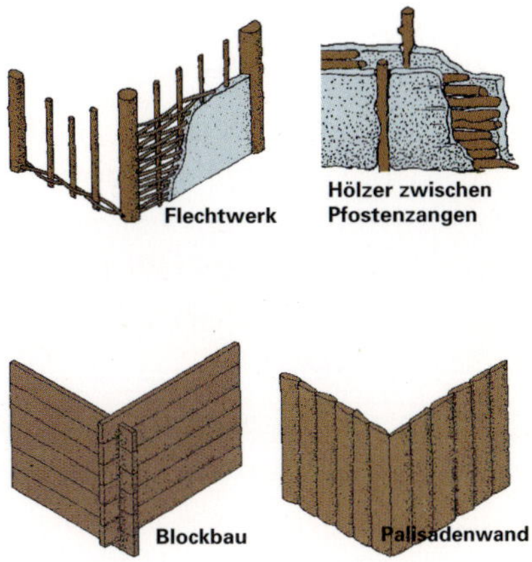
Flechtwerk
Hölzer zwischen Pfostenzangen
Blockbau
Palisadenwand

3

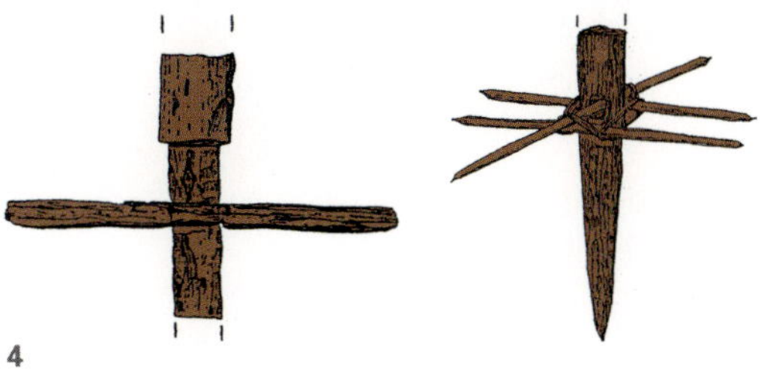

4

5

Stand das Hausgerüst, kamen weitere Materialien zum Einsatz. Die Wände konnten aus Rundholz, einfach gespaltenen Stämmen, Brettern oder auch aus Flechtwerk gestaltet sein. Lehm wurde häufig zur Isolierung der Wände und Fussböden verwendet. Gegen Ende des 4. Jahrtausends v. Chr. dienten zunehmend leichtere Materialien wie Rinde, Grassoden und Moose als Boden- und Wandisolation.

Der Fussboden wurde je nach Beschaffenheit des Untergrundes gestaltet. Mehrlagige, gitterförmige Schwellholzfundamente oder eine abgehobene Bauweise halfen, aus dem feuchten Untergrund herauszukommen. Bei trockeneren Verhältnissen konnten Lehmestriche oder isolierende Rindenbahnen auch ebenerdig ausgelegt werden.

Eindeutige Funde von Dachdeckungen sind selten. Belegt sind Brettschindeln und Rindenbahnen, aber auch Rindenschindeln, Stroh, Schilf und Grassoden kommen in Frage.

Siedlungsmuster im Wandel der Zeit

Im Laufe der Zeit änderte sich nicht nur das Aussehen der Häuser, auch die Dorfanlagen selbst wandelten ihren Charakter.

Häuserzeilen

Charakteristisch für das Dorfbild zwischen 4300 und 3500 v. Chr. waren dichte Häuserzeilen. Anfangs waren die Giebel zum See hin orientiert, später baute man uferparallele Häuserreihen. Fast alle Gebäude bildeten eigenständige, mit Backöfen und Herdstellen ausgestattete Wohneinheiten. Zugleich enthielten sie alles, was ein bäuerlicher Betrieb brauchte. Die Wirtschaftsgrundlage der meist zwanzig bis dreissig, in Extremfällen über hundert Häuser zählenden Siedlungen bildete der Anbau von Kulturpflanzen, Haustierhaltung sowie Jagd und Sammeltätigkeit.

Strassendörfer

Von 3300 v. Chr. an wandelte sich am Bodensee und Federsee der Dorfcharakter. Die Häuser lagen sich nun an einer zentralen, gut befestigten Dorfstrasse gegenüber. Die grosse Bedeutung, die man der Dorfstrasse beimass, steht vermutlich mit neuen Verkehrsmitteln, wie Schleife, Rad und Wagen sowie der zunehmenden Viehhaltung in Zusammenhang.

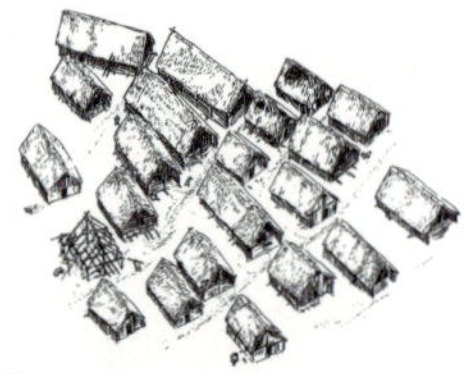

1

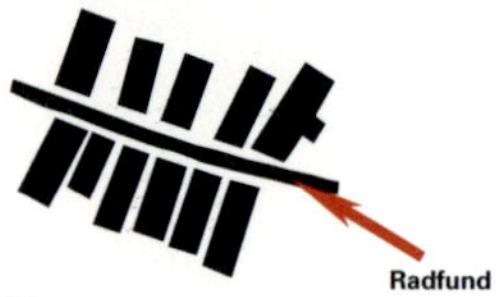

2

3

4

5

1 Rekonstruktion der um 3900 v.Chr. erbauten Siedlung Bad Buchau-Taubried.
2 Dorfplan der um 3000 v.Chr. erbauten Siedlung Seekirch-Stockwiesen im nördlichen Federseemoor. Im Unterbau des Zufahrtweges wurde eines der ältesten Räder Mitteleuropas entdeckt.

6

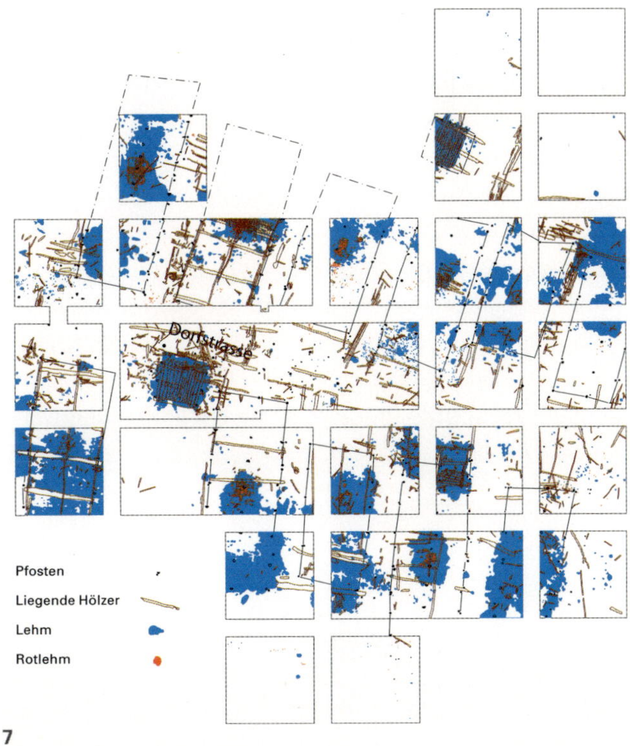

7

3 Um 3920 v.Chr. wurde die Ansiedlung Alleshausen-Hartöschle errichtet. Ihre Einwohner waren auf Jagd spezialisiert.
4 Rekonstruktion der um 1900 v.Chr. erbauten Siedlung Bodman-Schachen IA.
5 Rekonstruktion einer zwischen 975 und 954 v.Chr. errichteten Siedlung vor Unteruhldingen. Die strikte Anordnung von parallelen Häuserreihen führte zum typischen kastenförmigen Siedlungstyp der späten Bronzezeit.
6 Wohnvariationen
7 Ausgrabungsplan der Moorsiedlung Bad Buchau-Torwiesen II um 3280 v.Chr. Entlang der Dorfstrasse reihen sich vorwiegend grosse Häuser, kleinere Bauten bilden die Ausnahme. Verziegelte Lehme (rot) zeigen die Lage der ehemaligen Feuerstellen.

Kleine Weiler, Gehöfte und Fischerhütten

Neben grossen Siedlungen fand man im Federseemoor kleine weilerartige Ansiedlungen unterschiedlichster Zeitstellung, die wirtschaftlich spezialisiert waren. Gemäss naturwissenschaftlichen Analysen ging man hier vor allem Tätigkeiten wie Jagd, Fischfang oder dem Flachsanbau nach. Diese Kleinsiedlungen waren vielleicht nur saisonal bewohnt.

Siedlungen der Bronzezeit

In der Bronzezeit wurden Dörfer seltener an Seen und Mooren errichtet. Aus der frühen Bronzezeit kennen wir ab 2000 v. Chr. nur kleinere Dorfanlagen. Die Häuser selbst werden jedoch stabiler gebaut: ab 1500 v. Chr. tauchen dreischiffig konstruierte Gebäude auf. Erstmals wurden einige Siedlungen auch mit mächtigen Holzmauern befestigt.

Um 1480 v. Chr. bricht die Bautätigkeit in den Feuchtgebieten wahrscheinlich infolge einer Klimaverschlechterung ab. Ab 1068 v. Chr. jedoch ist für zwei Jahrhunderte wieder ein regelrechter Bauboom zu verzeichnen: die gut organisierten Dörfer der späten Bronzezeit bestanden aus 30–90 von Palisaden umgebenen Häusern.

Alles unter einem Dach

Sicherlich bildeten Feuerstelle und Ofen als Quelle der Wärme und des Lichts den abendlichen und winterlichen Mittelpunkt des Hauses. Meist gehörten zu den Gebäuden auch befestigte Vorplätze, so dass sich das Leben bei guter Witterung ins Freie verlagern konnte. Die einräumigen oder durch Zwischenwände aufgeteilten Häuser waren nicht nur zum Wohnen da. Jedes Haus bildete eine eigene Wirtschaftseinheit, in dem nicht nur das persönliche Hab und Gut, sondern auch Erntevorräte und Arbeitsgeräte entlang der Wände oder unter dem Dach lagerten und wo handwerklichen Tätigkeiten nachgegangen wurde. In strengen Wintern holte man – zumindest in den ebenerdigen Siedlungen Oberschwabens – auch das Vieh ins Haus herein.

Das ehemalige Mobiliar kennen wir nicht. Aus Pfahlbauten sind uns weder eindeutige Gegenstände noch Darstellungen bekannt. Kleinkunstgegenstände aus anderen Teilen Europas zeigen aber, dass schon in der Steinzeit Stühle, Tische und Betten vorhanden waren.

1

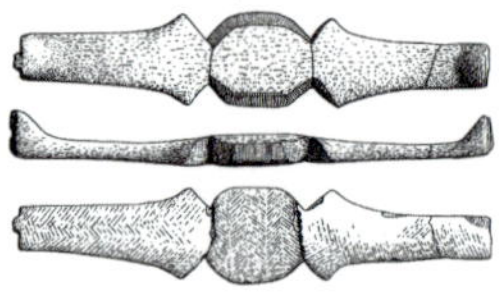

2

1 Die Herdstelle – eine vor allem aus Lehm hergerichtete Brandplatte – gehörte zur Grundausstattung der Pfahlbauhäuser. Die Kochtöpfe wurden einfach ins Feuer gestellt.
2 Eines von zwei Holzobjekten unbekannter Verwendung aus der urnenfelderzeitlichen «Wasserburg-Buchau» am Federsee. Möglicherweise waren sie Teil eines Stuhles oder eines anderen Möbelstückes.

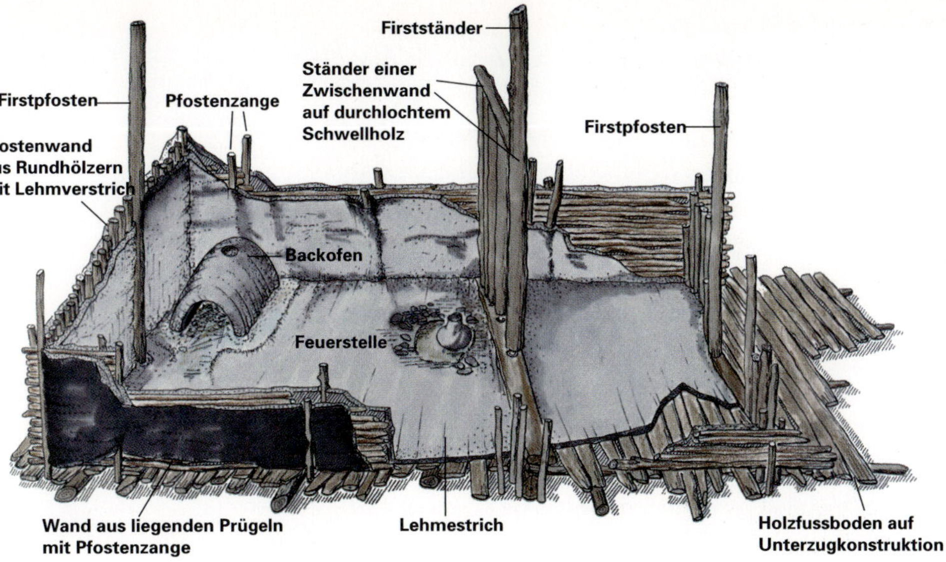

3

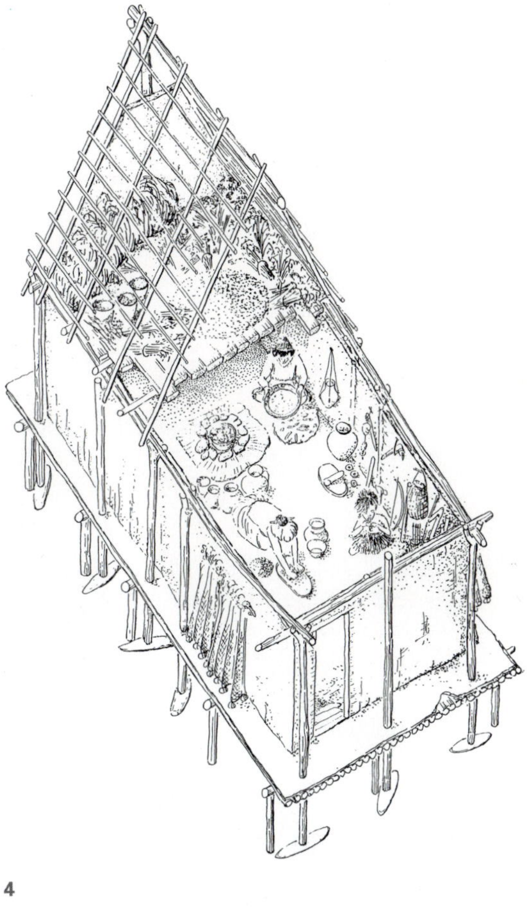

4

3 Haus der Schussenrieder Kultur vom Taubried (Federsee). Die typischen Häuser der frühen Pfahlbauten (4300 – 3800 v.Chr.) waren in zwei Räume aufgeteilt. Im hinteren war die Herdstelle eingerichtet, der Kuppelbackofen konnte sich im hinteren oder vorderen Raum befinden.

4 Das Inventar eines typischen Hornstaadhauses kann anhand der im und ums Haus gefundenen Gegenstände rekonstruiert werden.

Wohnen über dem Müll

Für die Archäologie ist es ein ausgesprochenes Glück, dass die Menschen zwar meist ihre Häuser, jedoch das Siedlungsgelände weniger sauber hielten. Besonders unter den abgehoben errichteten Pfahlbauten des Bodensees sammelte sich der Müll: Nahrungs- und Werkabfälle verschiedenster Art, verloren gegangene oder wertlos gewordene Gefässe, Geräte und Textilien, Baumaterialien, Brandschutt und nicht zuletzt Tier- und Menschenkot. Das Gemenge dieser Siedlungsabfälle bildet zusammen mit natürlichen Ablagerungen eine «Kulturschicht».

Kult am Bau

Dass einzelne Pfahlbauhäuser alles andere als grau und eintönig waren, führt das «Busenhaus» von Ludwigshafen-Seehalde eindrücklich vor Augen. Eine Brandkatastrophe um 3860 v. Chr. liess den Lehmverputz eines Hauses verziegeln und half so Teile der bemalten und modellierten Innenwände bis heute zu bewahren. Rund 2500 einzelne Hüttenlehmbrocken blieben als echtes «Archäologenpuzzle» am Fusse des ehemaligen Hauses liegen. Die Wandfragmente und plastisch modellierten Busenpaare sind mit Ornamenten und Symbolen aus weisser Kalkfarbe überzogen. Vermutlich stand die Ausschmückung des Hauses mit einem von der Haus- oder Dorfgemeinschaft praktizierten Kult in Zusammenhang.

1

1 Zu der bemalten Wand gehörten nahezu lebensgrosse weibliche Brüste aus Lehm.
2 Unter den Fussböden der Pfahlbauten liegen Müllhaufen. Rekonstruktion nach Befunden von Sipplingen-Osthafen Schicht 8, um 3700 v.Chr.
3 Ausgraben im Müll: Bei den ebenerdig im Torf errichteten Siedlungen sammelte sich der Müll meist neben den Häusern. Dieser bis zu 10 cm hohe Haufen in der Siedlung Bad-Buchau-Torwiesen II (um 3280 v.Chr.) setzte sich aus Knochen, Scherben, Flachsresten, Holzkohlen und vor allem zahlreichen Ästchen – Abfall der häufig praktizierten Laubheufütterung – zusammen.

2

3

4

5

6

4 Freigelegte, verstürzte Lehmbrocken zwischen dem ehemaligen Hausrat.
5 Nicht selten werden in den Siedlungsschichten die Überreste menschlicher Fäkalien (Beerenkonzentration) gefunden.
6 Die Lage der Hüttenlehmbrocken wird exakt dokumentiert, Strukturen der Fundschicht werden gezeichnet.

Baupläne und Siedlungsphasen

Mit Hilfe der Dendrochronologie ist es heute möglich, das Fälldatum vieler Hölzer auf das Jahr genau zu bestimmen. So können Hausgrundrisse aus den Pfahlfeldern herausgelesen und die Bauphasen eines Dorfes detailgenau nachgezeichnet werden.

Kalender im Holz

Grundlegend für die Dendrochronologie ist die Beobachtung, dass Bäume in Abhängigkeit von der Witterung Jahr für Jahr unterschiedlich breite Wuchsringe ausbilden. Diese charakteristischen Jahrringfolgen werden für den Vergleich in Jahrringkurven umgesetzt. Durch die Untersuchung immer älterer Hölzer und die Verknüpfung ihrer Jahrringmuster konnte eine weitreichende Chronologie erstellt werden. Von historischen Bauhölzern ausgehend wurde die süddeutsche Eichenchronologie anhand zahlreicher, in natürlichen Ablagerungen gefundener Baumstämme zusammengesetzt. Dieser in Süddeutschland bis ins 9. Jahrtausend v. Chr. zurückreichende Baumringkalender ermöglicht die präzise Datierung der Pfahlbauten.

Dorfentwicklung von Hornstaad-Hörnle

Die systematischen Untersuchungen von Eichenpfählen der Seeufersiedlung Hornstaad-Hörnle IB lassen die bauliche Entwicklung des Dorfes erkennen: Phase 1: Zwischen 3585–3582 v. Chr. werden die ersten Häuser errichtet; Phase 2: 3571–3564 v. Chr. 10 bis 20 Jahre später werden die ersten Häuser ausgebessert und um sie herum neue Bauten errichtet; Phase 3: 3541–3531 v. Chr. Nach weiteren 20 bis 30 Jahren erlebt das Dorf eine blühende Bautätigkeit; Phase 4: 3521–3517 v. Chr. Über 60 Jahre nach der Gründung des Dorfes ändert sich die Struktur des Dorfes – frühere Hausgrundrisse werden erstmals überbaut; Phase 5: 3511–3507 v. Chr. Zum letzten Mal können Reparaturen und neue Baumassnahmen festgestellt werden. Wenige Jahre später verliess man das Dorf.

1 Prinzip des Jahrringkalenders.
2 Siedlungsentwicklung Hornstaad-Hörnle IB.

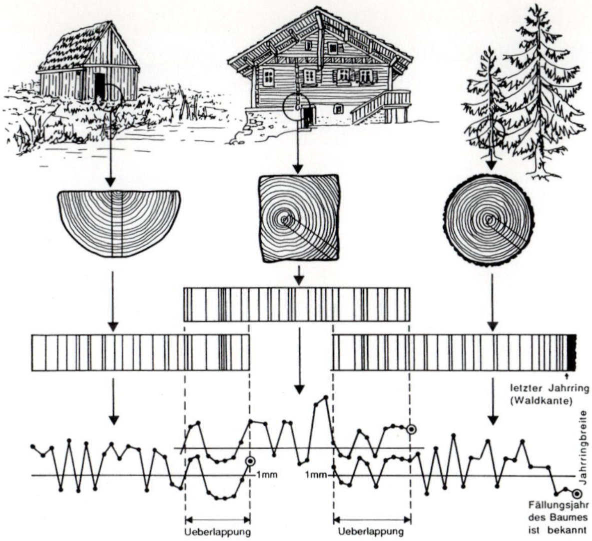
letzter Jahrring
(Waldkante)
Jahrringbreite
1mm
1mm
Fällungsjahr
des Baumes
ist bekannt
Ueberlappung
Ueberlappung

1

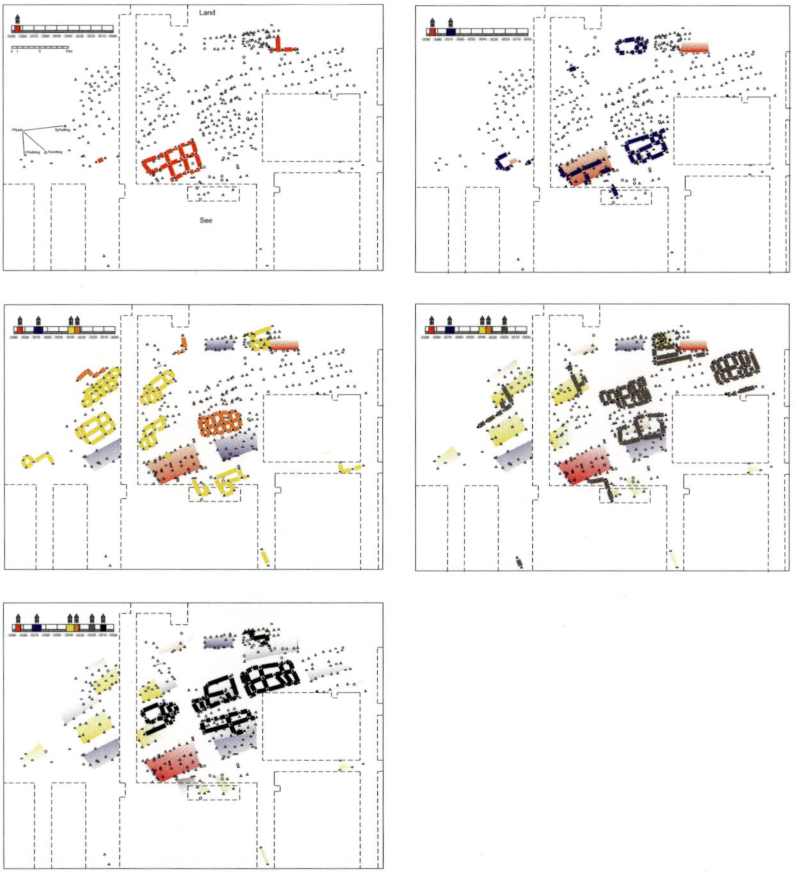
Land
See

2

Siedlungsgünstige Lagen wurden im Laufe der Jahrhunderte immer wieder aufgesucht. Deshalb finden wir häufig nicht nur die Überreste von einem, sondern von mehreren Dörfern an der gleichen Stelle. Während der Ausgrabung müssen die übereinander abgelagerten Schichten sehr sorgsam unterschieden werden.

Siedlung und Umwelt

Mit dem Beginn der Besiedlung an den Seeufern des Voralpenlandes änderte sich die Landschaft erheblich. Der Mensch rodete den Wald, um Bauholz für die Häuser, freie Flächen für die Landwirtschaft und Futter für das Vieh zu gewinnen. Im Umfeld der Siedlungen wurden die ursprünglich dichten Mischwälder zunehmend aufgelichtet. Der Wald wandelte sich zu einem Nutzwald, dessen junge Triebe als Viehfutter und Rohmaterial für Geflechte, ältere als Bauholz dienten. Nach zehn bis achzig Jahren wurden die Dörfer meist wieder verlassen und der Naturwald konnte sich regenerieren. Solche vom Menschen verursachte Zyklen der Landschaftsveränderung konnten im Umfeld zahlreicher Siedlungen nachgewiesen werden.

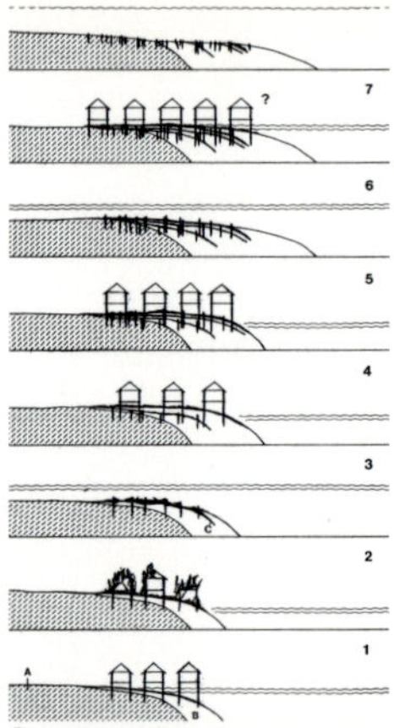

2

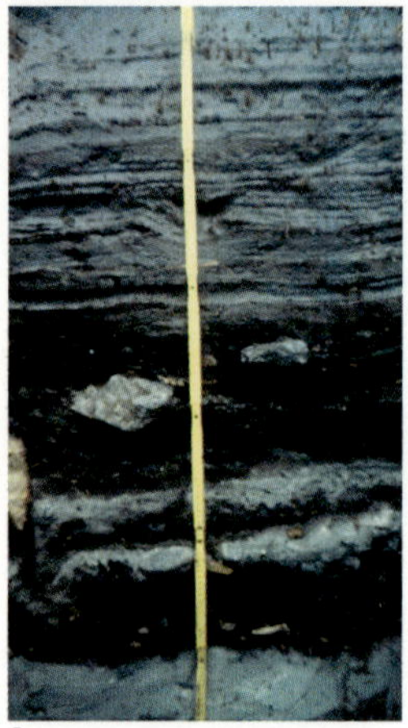

3

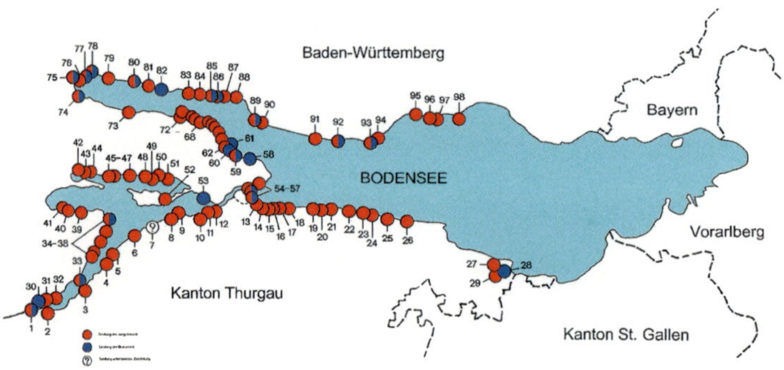

1

1 Dreissig Fundstellen am Bodensee zeichnen sich durch eine mehrphasige, im Laufe einiger Jahrhunderte abgelagerter Schichten aus.

2 Siedlungs- und Sedimentationsverlauf bei wechselnden Wasserständen während der Frühbronzezeit am Schachenhorn bei Bodman. Nachdem das erste, im 19. Jahrhundert v.Chr. errichtete Dorf einer Brandkatastrophe zum Opfer fiel, wurde der Platz bis 1500 v.Chr. noch mehrere Male besiedelt. Bei hohen Wasserständen bedeckten Seekreideablagerungen die Dorfruinen.

3 Übereinander folgende Siedlungsschichten in der Bucht von Sipplingen. Die dunklen Siedlungs- bzw. Kulturschichten setzen sich deutlich von den hellen Seesedimenten ab.
4 Modell eines schnell in der Landschaft voranschreitenden Brandrodungs-Feldbaus mit kurzen Umtriebszeiten. Kennzeichnend für dieses Bewirtschaftungssystem ist ein relativ hoher Flächenbedarf.
5 Rekonstruktion einer Landschaft um 3900 v.Chr. im Umfeld der Siedlung Hornstaad-Hörnle IA (3919 – 3902 v.Chr.). Dank der vielfältigen naturwissenschaftlichen Untersuchungen kann die Umgebung des Dorfes rekonstruiert werden: (1) Wasserpflanzengesellschaft, (2) Unkrautvegetation im Siedlungsgelände, (3) Ufervegetation: Röhricht- und Grossseggenbestände, (4) Weichholzaue, z.B. Weiden und Pappeln, (5) Hartholzaue: Eschen, Eichen, Erlen und Ulmen, (7) weiter hangaufwärts Laubmischwälder, vor allem mit Buchen. Durch die Eingriffe des Menschen entstanden eine Vielzahl neuer Standorte: (6) Nasswiesen, (12) Wiesen und Grünland, (13) Äcker, (8–11) an Waldrändern und Säumen siedelte sich eine Vielzahl nutzbarer Arten an – wie Haselnüsse, Beeren und Wildobst.

4

5

Siedlungszyklen und Territorien

Dank der genauen dendrochronologischen Untersuchungen wissen wir, dass die Dörfer nur etwa zehn bis maximal achtzig Jahre am selben Fleck überdauerten, selbst wenn sie von Brandkatastrophen und Hochwasser verschont blieben. Während dieser Zeit waren diverse Um- und Neubauten fällig, da die Holzhäuser durch den stetigen Wechsel von Nässe und Trockenheit schnell verrotteten. Waren geeignete Bauhölzer im stark beanspruchten Hinterland aufgebraucht, musste das Dorf an anderer Stelle neu errichtet werden. Verschiedene Modelle der Siedlungsverlagerung werden in der Forschung diskutiert.

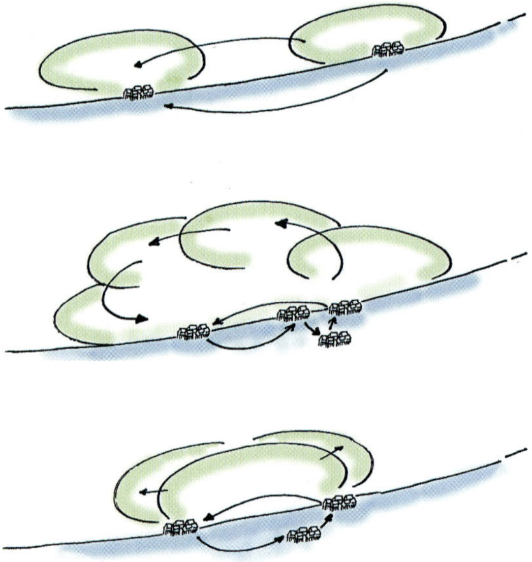

1

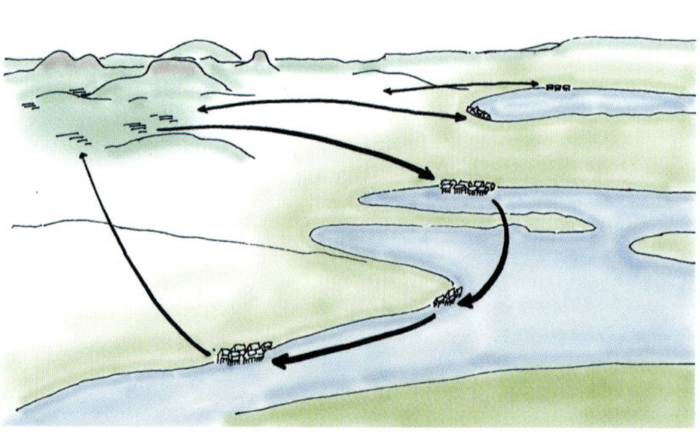

2

1 Modell 1: Verlagerung der Siedlungs- und Wirtschaftsflächen, Erschliessung eines neuen Territoriums; Modell 2: Kleinräumige Verlagerung der Siedlungs- und Wirtschaftsflächen im selben Territorium; Modell 3: Kleinräumige Verlagerung der Siedlung. Die Wirtschaftsflächen werden beibehalten und erweitert.
2 Waren Seeufer und Moore nur in Phasen hoher Bevölkerungsdichte bewohnt? Kehrten die Siedler bei abnehmendem Bevölkerungsdruck wieder in das Altsiedelland zurück?
3 Siedlungsdichte zur Zeit der Hornstaader Gruppe (um 3900 v.Chr.) am Untersee.

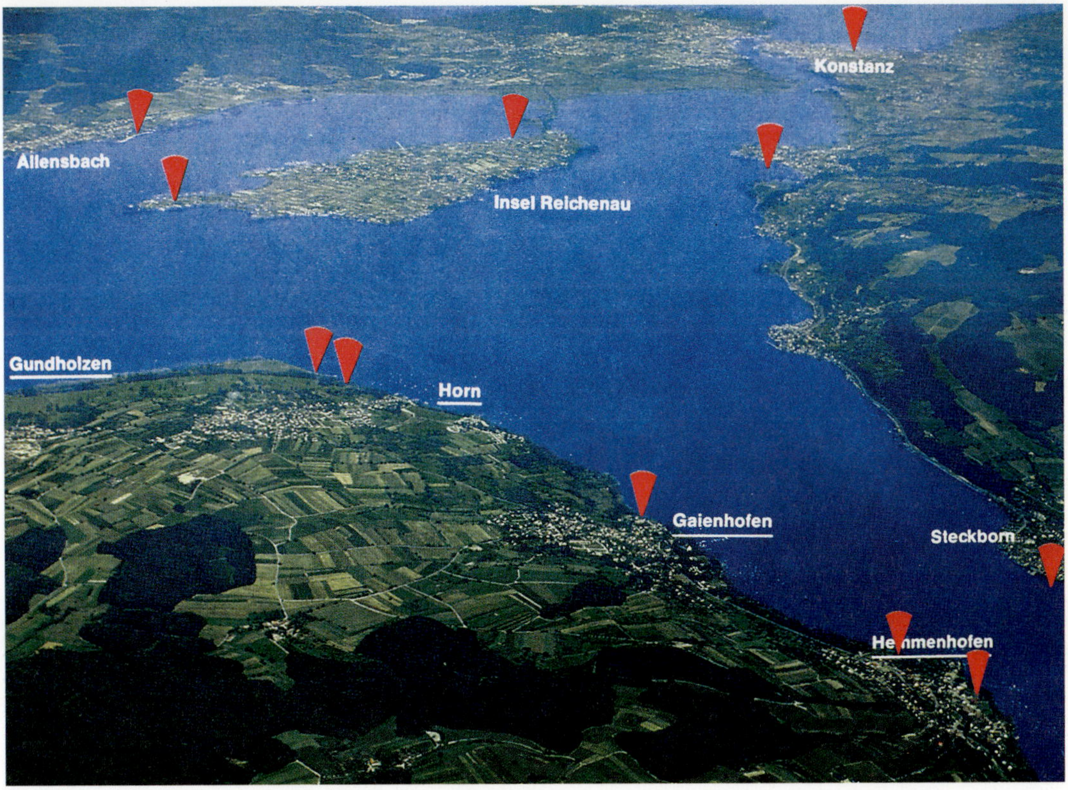
Konstanz
Allensbach
Insel Reichenau
Gundholzen
Horn
Gaienhofen
Steckborn

3

Was bleibt? Denkmalschutz im Bodenseeraum und am Federsee

Viele Moor- und Seeufersiedlungen sind heute zerstört oder extrem gefährdet. Torfabbau und Trockenlegungsmassnahmen führten in den Mooren des Voralpenlandes zur Austrocknung ganzer Fundstätten. Am Bodensee wurden Siedlungsschichten vor allem durch Hafenausbauten und andere Eingriffe im Flachwasser weggebaggert. Umweltveränderungen, Schiffs- und Badeverkehr verstärken dort die Erosion. Die Kulturschichten werden weggespült.

Die Dokumentation, Ausgrabung und Erforschung der gefährdeten, bis zu 20 000 Quadratmeter grossen, oft mehrphasigen Siedlungsareale kommt aus finanziellen, personellen und zeitlichen Gründen aber nur langsam voran. Daher werden seitens der Denkmalpflege des Landes Baden-Württemberg sowie dem Thurgauer Amt für Archäologie verschiedene Massnahmen getroffen, um die Denkmäler an Ort und Stelle auch für künftige Generationen zu erhalten. Wiedervernässungsmassnahmen sollen die Siedlungsareale am Federsee vor der Austrocknung schützen, Erosionsschutz in der Flachwasserzone des Bodensees die Abschwemmung der Kulturschichten verhindern.

Marion Heumüller und Helmut Schlichtherle

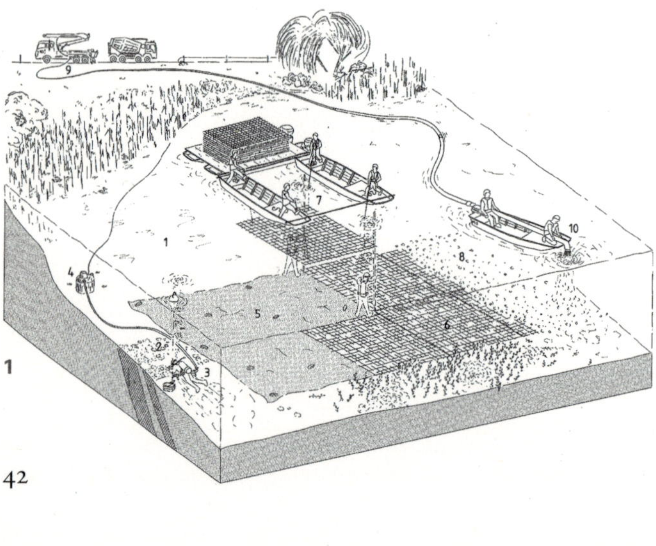

1

1 Schematische Darstellung der Schutzmassnahmen anhand der Arbeiten in Ermatingen-Westerfeld. Die jungsteinzeitlichen Kulturschichten (2) ragen partiell bis an den Seegrund (1). Nach einer oberflächlichen archäologischen Bestandsaufnahme (3), während der die künstliche Strömung aus dem Strahlrohr (4) für klare Sicht sorgt, werden über Vliesmatten (5) Baustahlgitter (6) von Pontons aus (7) verlegt. Eine mit Hilfe von Pumpen aufgebrachte dünne Kiesauflage (8–10) soll die Anlage stabilisieren.

2 Grabenfräse im nördlichen Federseeried. Entwässerungsmassnahmen gefährden die Moorsiedlungen.

3 In der Siedlung Bad Schussenried-Aichbühl sind bereits handbreite Trockenrisse entstanden. Das Holz ist grösstenteils zu Staub zerfallen.

2

3

4

5

4 Verlegung von Geotextil in Sipplingen-Osthafen, 1992.
5 Taucher beim Fixieren von Stahlgittern in Bodman-Schachen, 1999.
6 Für Bootsanlegestellen wurde der Seegrund tief ausgebaggert. Von den Pfahlbausiedlungen, wie hier in Bodman, blieben nur noch Teile stehen.
7 Erosionsschäden am Seegrund der Sipplinger Bucht. Die Wellen haben liegende Holzbauteile, Pfähle und Kulturschichten freigespült.

Literatur
Billamboz 1987
Dieckmann 1987
Leuzinger 2000
Schlichtherle 1997b
Schlichtherle et al. 2003
Strobel 2000a

6

7

Handwerk, Landwirtschaft, Jagd, Fischfang und Handel

Dank der ausserordentlichen Erhaltungsbedingungen in den Pfahlbausiedlungen des Bodenseeraums und dem Federseegebiet sind wir sehr gut über die Selbstversorgungswirtschaft der neolithischen und bronzezeitlichen Dorfgemeinschaften informiert. Funde und Befunde liefern interessante Auskünfte über Handwerk, Landwirtschaft, Jagd, Fischfang und Sammeln sowie Handelsbeziehungen mit weit entfernten Regionen. Rohmaterialuntersuchungen, archäologische und archäobiologische Auswertungen sowie moderne Experimente belegen, dass die Pfahlbauer ihre Umwelt mit ihrem abwechslungsreichen Potential sehr gut kannten und dementsprechend auch gezielt nutzten.

Handwerk

Fast alle Gerätschaften des täglichen Lebens wurden von den Bewohnern der Feuchtbodensiedlungen selber hergestellt. In den Ausgrabungen findet man deshalb nicht nur die fertigen Objekte, sondern auch Halbfabrikate und Abfallstücke. So können die zum Teil komplexen Herstellungsprozesse lückenlos rekonstruiert werden. Zudem lässt sich anhand der Fundverteilung halbfertiger Artefakte und Abfallprodukte oft auch der Fabrikationsstandort im Dorf ermitteln. Viele handwerkliche Tätigkeiten wie spinnen und weben, schnitzen, Silex schlagen, Steinbeile schleifen oder Schmuck herstellen wurden von einzelnen Hausgemeinschaften durchgeführt. Diese Arbeiten fanden sowohl innerhalb als auch ausserhalb der Häuser statt. Das Metallhandwerk dürfte allerdings in den Händen von spezialisierten Leuten gewesen sein. Die Materialbeschaffung bedingte nämlich gute Handelsbeziehungen. Von der Bronzezeit an musste Zinn von weit her (Erzgebirge, Zentralmassiv, Toskana, Spanien oder Cornwall) importiert werden – und das Verarbeiten von Bronze war nur mit spezialisiertem Fachwissen möglich.

1 Herstellungsablauf der Steinbeil-Produktion in Arbon-Bleiche 3.
2 In der jungneolithischen Siedlung Hornstaad-Hörnle wurden zahlreiche Röhrenperlen aus weissem Kalkstein produziert. Die kleinen Rohlinge wurden mit Silexbohrern durchbohrt.

1

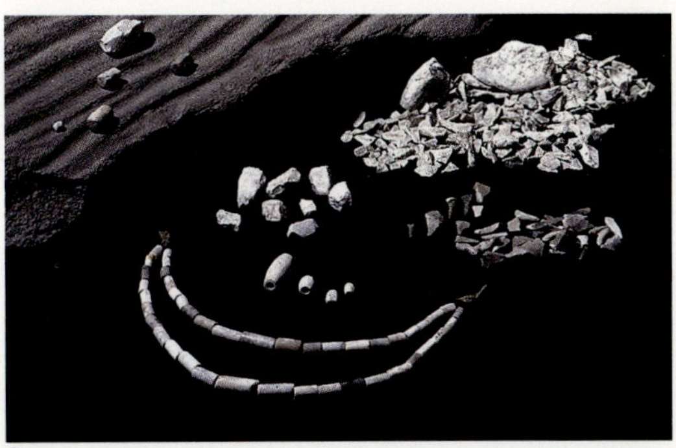
2

Landwirtschaft

Der Anbau von Getreide und die Viehhaltung sind nebst der sesshaften Lebensweise die wichtigsten Merkmale der Jungsteinzeit. Diese «neolithic revolution» verdrängte im Bodenseeraum um 5500 v. Chr. die wildbeuterische Daseinsform vorangegangener Jäger- und Sammlergesellschaften der Mittelsteinzeit. Anhand von botanischen Makroresten (Samen und Früchte), Pollendiagrammen, geologischen Schichtanalysen, dendrochronologischen Auswertungen sowie Tierknochenfunden können die Umgebung und der Einfluss des Menschen auf seine Umwelt genau rekonstruiert werden.

Ackerbau

Zahlreiche Holzhacken, ein Jochfragment, Sichelklingen aus Feuerstein sowie steinerne Handmühlen belegen die Arbeitsschritte von der Bodenbearbeitung des Ackers bis zum Ernten und Verarbeiten des Getreides. Von der Mühsal des täglichen Jätens zeugen die vielen Samen von Ackerunkräutern, die sich in archäologischen Schichten erhalten haben. Folgende Kulturpflanzen sind in den jungsteinzeitlichen Siedlungen im Bodenseeraum bekannt: Nacktweizen, Einkorn, Emmer, Gerste, Erbse, Mohn und Lein. Seit der Bronzezeit treten zudem Dinkel, Rispen- und Kolbenhirse, Linse sowie Ackerbohne auf.

Viehhaltung

Während der Jungsteinzeit wurden Rind, Schwein, Schaf, Ziege und Hund als Haustiere gehalten. Im Bodenseeraum erscheint das domestizierte Pferd erst ab der Bronzezeit. Nebst Fleisch und Milch nutzte man von den Haustieren die Haut als Leder, die Sehnen, die Knochen und vielleicht bereits die Schafwolle. Anhand von prähistorischen Kuhfladen, Ziegen- und Schafmist sowie Hundehäufchen wissen wir, dass die Tiere zeitweise innerhalb des Dorfes gehalten wurden. Eigentliche Stallbauten sind aber bis heute nicht sicher nachgewiesen. In den Kotresten fand man zahlreiche Eier von Parasiten, was Aufschluss gibt über den Gesundheitszustand der Haustiere.

1

1 Die organische Kulturschicht wird durch mehrere Siebe geschlämmt, um auch kleinste Funde wie Samen, Früchte, Perlen, Ziegenkot oder Fischschuppen zu finden.
2 Sicheleinsatz aus fränkischem Plattenhornstein von der Seeufersiedlung Eschenz-Insel Werd. Der Griff aus Buchenholz stammt von der Moorsiedlung Gachnang/Niederwil-Egelsee; Pfyner Kultur, um 3650 v.Chr.

2

Jagd und Fischfang

Neben Ackerbau und Viehhaltung bildeten auch während der Jungsteinzeit Jagd und Sammeltätigkeit die Basis für die Ernährung. Gejagt wurde vorwiegend mit Pfeil und Bogen. Die Pfeile aus Holz des Wolligen Schneeballs (*Viburnum* sp.) wurden mit Feuersteinspitzen oder Geweihtüllen versehen. Mit Birkenteer wurden diese am hölzernen Schaft festgeklebt. Der Anteil an Wildtierknochen in den neolithischen Pfahlbausiedlungen schwankt zwischen 10 und 90 Prozent. Er ist besonders während klimatisch schlechter Perioden hoch; so konnten wahrscheinlich Ernteausfälle der Landwirtschaft teilweise aufgefangen werden. In den bronzezeitlichen Schichten liegt der durchschnittliche Wildanteil nur noch bei 10 Prozent. Jagdwild Nummer 1 war der Rothirsch; aber auch Wildschwein, Ur, Bär, Reh und anderes wurden zur Strecke gebracht.

Die Pfahlbaudörfer lagen nicht nur wegen der schönen Aussicht am See. Die Gewässer konnten als Verkehrsflächen und vor allem für den Fischfang genutzt werden. An Fangtechniken sind die Netz- und Reusenfischerei, das Angeln sowie das Harpunieren belegt. Tausende von Netzsenkern und seltene Netzfunde – zum Beispiel ein Netzhaufen aus der Siedlung Hornstaad-Hörnle – belegen die Bedeutung dieser Fangtechnik. Reusen sind dagegen sehr selten. Die wenigen Funde stammen aus Steckborn-Schanz, Wallhausen-Ziegelhütte, Nussdorf-Strandbad und aus dem Federseegebiet. Sie sind in der Regel aus Hasel-, Hartriegel- und Weidenruten gefertigt.

Die Leinenfischerei ist durch Angelhaken belegt. Diese sind aus Eberzahnlamellen, Knochen oder Hirschgeweih geschnitzt. Bei einem Haken von Arbon-Bleiche 3 hat sich sogar noch die dazugehörige Leine aus Lindenbast erhalten.

Harpunen sind im Bodenseeraum und Federseegebiet realtiv selten. Es liegen sowohl Stab- als auch Knebelharpunen aus Hirschgeweih vor. Letztere stammen vor allem aus bronzezeitlichen Fundstellen wie der Siedlung Forschner oder der «Wasserburg-Buchau». Die Harpunenköpfe mit Kerben oder Ösen steckten auf hölzernen Schäften und waren mit diesen durch eine kurze Fangleine verbunden.

Der Grabungsaushub wird heute oft mit Wasser durch mehrere Siebe geschlämmt. In den Siebmaschen verfangen sich bei guten Erhaltungsbedingungen tausende von Fischknochen und Fischschuppen. Dank der archäozoologischen Untersuchungen kennt man somit das Artenspektrum der Fische. Felchen und Flussbarsch (Egli) dominieren klar die Fangstatistik. Aber auch Hechte, Seeforellen, Rotfedern und Rotaugen sowie Wels wurden gefangen.

1 Angelhaken aus Eberzahnlamelle mit dazugehöriger Leine aus Lindenbast, jungsteinzeitliche Siedlung Arbon-Bleiche 3.
2 Stabharpune aus Hirschgeweih, Arbon-Bleiche 3.
3 Pfeilspitzen aus Feuerstein, Arbon-Bleiche 3.
4 Reuse aus Hasel- und Waldrebenzweigen, jungsteinzeitliche Siedlung Steckborn-Schanz.

1

2

3

4

Handel, Tausch oder Souvenir?

In den Pfahlbausiedlungen findet man immer wieder Objekte, die aus ortsfremdem Rohmaterial gefertigt oder durch ihre ungewöhnliche Form als Importstücke anzusehen sind. Diese «exotischen» Funde bezeugen, dass die Siedler nicht nur ihre Region ausgezeichnet kannten, sondern auch Kenntnisse über das Geschehen in weit entfernten Gebieten hatten.

In der Jungsteinzeit sind es vor allem Schmuckstücke und Feuersteingeräte, die man importierte:

Aus den Gehäusen und Schalen marin lebender Grabfüssler, Schnecken und Muscheln wurden Anhänger und Perlen gefertigt. Das Rohmaterial stammt entweder aus dem Mittelmeerraum oder von der Atlantikküste. Fruchtsteinperlen der Felsenkirsche *(Prunus mahaleb)* sowie der Kornelkirsche *(Cornus mas)* sind ebenfalls Importstücke, da diese Pflanzen in der Bodenseeregion nicht vorkamen. Sie wuchsen ursprünglich vielleicht im St.Galler Rheintal oder sogar in Italien.

Anhand von Mikrofossilien im Feuerstein kann der geologische Herkunftsort des Rohmaterials bestimmt werden. In den Feuchtbodensiedlungen wurden Silexartefakte aus dem Pariser Becken in Frankreich, aus Bayern, Österreich und Oberitalien gefunden.

In Bad Buchau-Torwiesen II und in Arbon-Bleiche 3 wurden z.T. reich verzierte Gefässe ausgegraben, die exakte Parallelen in der sogenannten Boleráz-Stufe der Badener Kultur haben, welche in der Gegend von Österreich, Ungarn und der Slowakei verbreitet war. Noch ist nicht sicher geklärt, ob die Gefässe selbst importiert oder nur das Know-how der Töpferin angeeignet wurde.

Kupferne Gegenstände wie Beilklingen, Ahlen und Schmuckstücke waren in der Steinzeit sicher sehr wertvoll. Der älteste Metallfund vom Bodensee stammt aus Hornstaad-Hörnle – eine kupferne Buckelscheibe mit 11 cm Durchmesser – und ist etwa 5900 Jahre alt. Das Kupfererz dieser frühen Metallobjekte stammt vorwiegend aus dem östlichen Alpenraum.

In den bronzezeitlichen Fundstellen stösst man immer wieder auf Glas- und Bernsteinperlen, die wahrscheinlich aus dem Norden beziehungsweise Osten importiert wurden. Besonders bemerkenswert sind natürlich seltene Goldfunde wie der Goldbecher von Eschenz-Bahnhof oder zwei Golddrahtfragmente aus Arbon-Bleiche 2.

Urs Leuzinger

1

2

1 Silexdolch aus Arbon-Bleiche 3, dessen Rohmaterial aus dem Gebiet der Monti Lessini (nördlich von Verona, I) stammt.
2 Gefäss der Badener Kultur von Arbon-Bleiche 3.
3 Lagerstätten von fernimportiertem Rohmaterial, das in den Seeufersiedlungen des Bodensee- und Federseegebietes gefunden wurde.
4 Buckelscheibe aus Kupfer von Hornstaad-Hörnle IA.

4

Literatur
De Capitani et al. 2002
Hochuli et al. 1998
Köninger / Lübke 2001
Mottes / Nicolis / Schlichtherle 2002
Schlichtherle 1997b
Stöckli et al. 1995

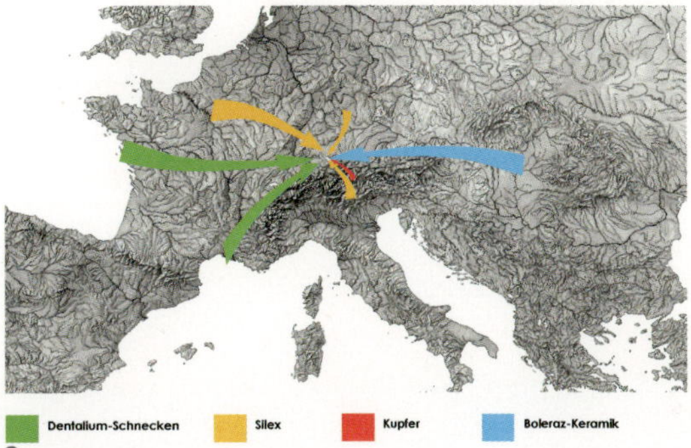

3

Mensch am See

Menschen im Pfahlbau – archäologische Spuren

Da uns die Menschen der Pfahlbauzeit keine schriftlichen Quellen hinterlassen haben und zudem aussagekräftige Gräberfelder fehlen, fällt es schwer, Genaues zu ihrem Aussehen oder Leben zu sagen. Die archäologische Spurensuche erlaubt meist nur eine Zusammenfassung von Indizien, die sich aus der Quellenlage unterschiedlicher Regionen, den wenigen Darstellungen, den Siedlungen und Gräbern ergeben. Die Menschen waren Bauern, Viehzüchter, Fischer. Sie jagten, sammelten und wohnten in verschieden grossen Dörfern mit bis zu 500 Einwohnern zusammen, handelten untereinander und mit weit entfernten Gebieten, verständigten sich in einer uns unbekannten Sprache, der indoeuropäischen Sprachfamilie zuzurechnen, und führten bewaffnete Auseinandersetzungen, deren Resultate an Skeletten nachzuvollziehen sind. Musik, Tanz, Gesang wie auch Erfindergeist und Handwerkskunst blitzen durch die Gegenstände hindurch und lassen manchmal sogar die Einzelperson erkennen, wenn man die Sprache der Funde lesen kann. So gibt es bei Keramikverzierungen die flüchtige, die genaue, die geübte Töpferin... Obwohl wir jene Menschen nicht kennen, treten ihre Charaktere deutlich hervor. Reich und arm, Spezialisten und Nachahmer lassen sich erkennen. Verschiedene soziale und wirtschaftliche Gemeinschaften im Dorf, am Nord- und Südufer der Seen oder in den Flussniederungen standen mit den Höhensiedlungen im Austausch. Das auf Wasserstrassen beruhende Verbindungsnetz ermöglichte seit jeher Kontakte in alle Himmelsrichtungen, wobei dem Bodenseeraum an der Nahtstelle zwischen Donau- und Rheinlandschaften stets eine bedeutende Rolle zufiel. Nach dem Siedlungsbild ist mit Zu- und Abwanderungen und ständigen Siedlungsverlagerungen im Rhythmus der Seespiegelstände und Generationenfolgen zu rechnen. Ein Plan dahinter, aber auch starke klimatische Einflüsse als Ursachen werden sichtbar.

Selten sind archäologische Glücksfälle wie «Ötzi», der Mann aus dem Eis, oder mumifizierte Bestattete aus Russland, den Wüsten Chinas oder aus Ägypten, die – mit modernen Methoden untersucht – einen tieferen Einblick in die vergangenen Zeiten und ihrer Bevölkerung ermöglichen. Häufiger sind die unscheinbaren, zufälligen Hinweise, die archäologisch-kriminalistisch gesammelt, ein spannendes Mosaik an Informationen ergeben.

1 Wo sind sie? – Spurensuche.
2 Ausgerüstet wie «Ötzi».
3 Menschliche Fussabdrücke, Schuhgrösse 37, aus der Jungsteinzeit. Sie wurden im Seeschlamm im Pfahlbau von Clairvaux (französischer Jura) aus der Zeit um 3600 v.Chr. entdeckt.

1

2

3

Wie sahen sie sich selber?

Ritzzeichnungen, die Hände und Füsse zeigen, sind zum Beispiel von den Felsbildern aus dem Val Camonica nördlich von Brescia oder dem skandinavischen Felsbildzentrum bei Bohuslän in grosser Zahl bekannt. Oft werden Menschen mit übergrossen Händen dargestellt, als ob sie beten würden, aber auch im Kampf, bei der Arbeit, der Jagd oder beim Tanz. Flächige und bunte Textilmuster, Hemden, Röcke, Gürtel, Kopftücher, Hüte, Helme sind zu erkennen. Auf Felsen und Gefässen eingravierte Darstellungen zeigen jungsteinzeitliche Strichmännchen, wie etwa auf einem Tontopf aus Feldmeilen vom Zürichsee, oder scheinbar tanzende Figürchen auf einer Schale der Spätbronzezeit aus der Pfahlbausiedlung Châtillon-Chindrieux in den französischen Alpen. Als figürliche Darstellungen – darunter Spielzeug, Kultgegenstand, Idol oder Votivgabe – finden sich handgrosse Figürchen oder Bruchstücke von solchen, die männliche und weibliche Statuetten erkennen lassen. Zu was dienten sie?

Aus Lehm geformte Brüste (vgl. Abb. 1, S. 34) zwischen magischen Zeichen an den Wänden der Pfahlbauten von Ludwigshafen und Sipplingen entführen uns in einen rätselhaften Kult des 39. Jahrhunderts v. Chr. am Bodensee, der auch am Nussbaumersee im Thurgau oder am Zürichsee im Rahmen der Pfyner und Cortaillod Kultur nachzuweisen ist. Punktierungen mit weisser Farbe oder Einstiche zwischen den Brüsten deuten darauf hin, dass die Frauen tätowiert waren, wie dies auch durch Mumienfunde der Eisenzeit im Kaukasus oder bei «Ötzi» belegt ist.

Bei den häufigsten Fragen im Museum steht der Mensch im Mittelpunkt. Wir möchten gerne wissen, wie die Menschen vor Jahrtausenden lebten, liebten, kämpften, arbeiteten, fühlten, starben, was sie dachten und an was sie glaubten, um es mit unserer heutigen Lebensweise vergleichen zu können.

1

1 Piktogramme, verschiedene Zeitstellung, Val Camonica, Italien.
2 «Männliches Idol», spätbronzezeitliche Ufersiedlung Châtillon-Chindrieux, Lac du Bourget, Frankreich.
3 Torso einer weiblichen Tonfigur, Gehöft 1, spätbronzezeitliche Ufersiedlung «Wasserburg-Buchau».

2

3

Spurensicherung – erste Indizien

Fingerspitzen: getupft, gedrückt, gekniffen

Auf dem Lehmbewurf der Hauswände, auf Mondhörnern, am Boden der Töpfe – überall finden sich Abdrücke von Fingern. Sie ermöglichen im günstigen Fall die Rekonstruktion von Fingerspitzen und lassen sowohl akkurat gepflegte als auch eingerissene, von der Arbeit gezeichnete Fingernägel erkennen.

Was trugen sie um den Hals, am Arm, am Fuss?

Kalksteinperlen, Bärenzähne, Muscheln, Amulette unterschiedlichster Formen, blaue Glasperlen, schwarzer Gagat oder honiggelber Bernstein tauchen als Funde in den Siedlungen auf. Manchmal sind sie in Spanschachteln oder Töpfen versteckt. Als Anhänger, Kleiderbesatz, Colliers oder Halsketten begegnen sie uns in der Grabausstattung wieder. Ringe aus Stein, Bronze und Gold, Arm-, Bein-, Finger- und Ohrschmuck zeugen vom Reichtum der damaligen Zeit.

Was hatten sie ständig bei sich?

Vieles passt von der Grösse her in die Gürtel- oder Hosentasche. Schwarzglänzende Poliersteine und einfache Bohrer mit Geweihgriff zählen dazu wie Miniaturformen von Mond- oder Brotlaibidolen, die mit astronomisch anmutenden Punkt- und Strichcodes versehen sind. Ein einfaches Feuerzeug und ein Messer, ein wenig Birkenrinde für Beleuchtungszwecke und ein Stück Pilz zur medizinischen Wundversorgung hatte auch «Ötzi» in seinem «Notfallset» dabei. Gehörten auch Musikinstrumente wie eine Flöte aus Hagnau oder eine Rassel aus Bad-Buchau zum Tascheninventar oder waren sie Utensilien von Hirten, Schamanen, Müttern oder Musikanten? Bei Schleuderkugeln aus Ton und Stein ist anzunehmen, dass sie zusammen mit der Schleudertasche für die rasche Verwendung stets griffbereit am Körper getragen wurden. Gleiches ist für die Handangeln aus der Spätbronzezeit zu vermuten.

Was trugen sie in den Haaren oder am Gewand?

Schmuckteile aus Geweih, Zahn, Holz, Metall oder Glas konnten in den Haaren oder auf der Kleidung getragen werden. Die Grabausstattungen und Bildnisse zeigen an, dass in der Jungsteinzeit gerne Muschelanhänger und Steinperlenketten neben Amuletten aus Bären- und Hundezähnen getragen wurden. In der Bronzezeit dagegen sind eher bronzene Haar- und Gewandnadeln beliebt, daneben Arm-, Ohr-

1

2

3

1 Fingerspitzen, Abguss, jungsteinzeitliche Ufersiedlung Corcelettes am Neuenburgersee.
2 Schmuck von verschiedenen Bodenseefundstellen.
3 Schleuderkugeln aus der Siedlung «Wasserburg-Buchau».
4 Flöte, Birkenrindenröllchen und Handangeln. Verschiedene Fundstellen.

4

4

und Fingerringe. Nadeln im Haarknoten scheinen hierbei für Männer, zwei Nadeln in Schulterhöhe im Gewand der Frauen typisch gewesen zu sein. Modische Kämme aus Rütchen- oder Vollholz sind kennzeichnend für die frühe Besiedlungszeit. Während der Steinzeitmensch die Rasur mit Feuersteinklingen leisten musste, bedienten sich Bessergestellte in der Bronzezeit des Bronzemessers, das natürlich ein hölzernes Futteral besass. Die Ärmeren verwendeten überschliffene Messerbruchstücke. «Rasiermesserscharf» waren sie alle.

Kaugummi?

Birkenpech mit Zahnabdrücken wird als steinzeitlicher Kaugummi bezeichnet und ist nach chemischer Analyse dazu geeignet, nicht nur als Klebstoff für Werkzeuge und gebrochene Töpfe, sondern auch als leichtes Betäubungsmittel bei Zahnweh eingesetzt zu werden.

Kleiderreste und Schmuck

Während der Jungsteinzeit am Bodensee trugen die Menschen Schuhe, Hüte, Hemden, Leggins und grobe Mäntel aus Lein und Lindenbast. Dies zeigen erhaltene Fragmente. Enge Fadenzahlen pro Zentimeter lassen bereits feinstes Linnen erkennen. Während der Bronzezeit ist neben einer wohl durchgängigen Leder- und Fellkleidung vermehrt eine wollene Mode mit Wickelröcken, Umhängen, Kleidern und Lederschuhen zu erschliessen. Nicht nur Sandalen, sondern auch Schnabelschuhe sind belegt. Rötel und Hautstempel dienten dem Körperschmuck.

Was assen und tranken sie?

Eingebrannte Speisereste von Getreidebrei und verschrumpelte Brote deuten auf die Hauptnahrung hin. Hartweizen sowie Einkorn, Emmer und Gerste waren dabei in der Jungsteinzeit, Gerste, Dinkel und Hirse in der nachfolgenden Bronzezeit die wichtigsten Getreidesorten. Hülsenfrüchte wie Erbse, Bohne, Linse lieferten das pflanzliche Eiweiss – Lein, Leindotter, Schlafmohn die pflanzlichen Öle. Äpfel, Beeren, Nüsse kamen in den Sammelkorb. Fisch und in wechselnden Anteilen Rind, Schwein und Schaf/Ziege stellten neben dem Hirsch, Bär und Ur die Proteinversorgung sicher, Milch und Käse nicht zu vergessen. Eine Besonderheit stellt der inzwischen aus Arbon-Bleiche 3 nachgewiesene häufige Verzehr von Grasfröschen dar, der allerdings als Zwischenwirt des Fischbandwurms nicht nur Kulinarisches für den Menschen bereithielt. Trinkgefässe der herausragenden Art stellen Saugfläschchen

1

2

1 «Kaugummi» aus Birkenteerklumpen von der jungsteinzeitlichen Ufersiedlung Hornstaad-Hörnle IA.
2 Bronzenes Rasiermesser aus der spätbronzezeitlichen Ufersiedlung «Wasserburg-Buchau».
3 Basthut von Wangen-Hinterhorn.
4 Glasperlen, Kamm und Nadeln. Verschiedene Fundstellen.

3

4

und entengestaltige Töpferware mit Standfüsschen in der Bronzezeit dar, deren Zweck sowohl profan als auch im Rahmen von Trinkopfern zu denken ist.

Wo waren die Toiletten?

Durch untersuchte Exkremente und vermutete Bodenklappen in den Pfahlbauten von Arbon-Bleiche 3 kann man inzwischen auch über dieses Thema mehr sagen. Koprolithen, so der wissenschaftliche Begriff, finden sich unter den Häusern. Es ist davon auszugehen, dass die Wellentätigkeit im Flachwasser die hygienische Situation periodisch verbesserte und dies vielleicht auch mit ein Grund für die Siedlungsanlage war. Verwendeten die Pfahlbauer Moos und grosse Blätter als Klopapier?

Meins/deins

Verzierte Spinnwirtel mit unterschiedlichem Muster und Töpfermarkierungen auf Keramikböden zeigen individuelle Muster und wahrscheinlich auch Eigentumsmarken an. In einem speziellen Fall am Bielersee konnte gar nachgewiesen werden, dass zwei benachbarte Häuser mit ähnlichen Keramiksets zwei gänzlich unterschiedliche Verzierungsmuster bevorzugten. Wenn auch nicht bekannt ist, ob damit Familien-, Standes- oder Berufszusammenhänge gemeint sind, so zeigt es doch den Wunsch zur Abgrenzung und einer individuellen Gruppenzugehörigkeit an. Riegel und Schlösser, Ein- und Zweiraumwohnungen sowie Lagerfeuergemeinschaften mit jeweils separater Vorratshaltung weisen auf eine familienähnliche Struktur in den urgeschichtlichen Gesellschaften hin. Verschiedene Volksgruppen im selben Dorf geben sich inzwischen durch Unterschiede in der Wirtschaftsweise und dem Bewohnen unterschiedlicher Quartiere zu erkennen. Kleine Gefässe, Tierfiguren und Miniatureinbäume könnten als Spielzeug angesehen werden.

Verbohrt, misslungen, kaputt, repariert, recycelt!

Auch in der Stein- und Bronzezeit ging manchmal etwas schief. Der Handwerker muss sich sehr geärgert haben, wenn er nach stundenlangem Bohren plötzlich statt einem Beil zwei Hälften in den Händen hatte. Gebrochene Perlen, misslungene Kettenschieber und mit Pech und Rinde geflickte Henkel erzählen Geschichten. Nicht sicher ist, ob eine verbogene Bronzenadel aus Unteruhldingen wirklich als erste Sicherheitsnadel der Geschichte gedeutet werden kann. Fest steht allerdings, dass Rohstoffe wertvoll waren.

1

2

3

1 Nadel aus der spätbronzezeitlichen Ufersiedlung Unteruhldingen-Stollenwiesen, Sammlung Giess.
2 Verbohrt, misslungen, geflickt... Funde aus verschiedenen Siedlungsstellen.
3 Henkel, geflickt mit Birkenteer und Birkenrinde aus der jungsteinzeitlichen Ufersiedlung Sipplingen.
4 Saugfläschchen aus der spätbronzezeitlichen Ufersiedlung «Wasserburg-Buchau».
5 Stempel aus Keramik, verschiedene Fundstellen.

4

5

«Ötzi» – der Glücksfall

Die Vorstellung über einen Menschen aus der Pfahlbauzeit gibt der Mann vom Hauslabjoch. Schuhe, Leggins, Lendenschurz und Fellweste zeigen mit der Bärenfellkappe und dem hervorragend konzipierten Rucksack eine Hochgebirgsausrüstung vor 5300 Jahren. Leider verhalf ihm sein «survival kit» nicht dazu, seine Krankheiten und seine schwere Schussverletzung unter dem linken Arm zu überstehen. Er erfror nach einem Kampf. Bogen und Pfeile, Messer und Dolch sind in ähnlichen Stücken auch aus den Pfahlbausiedlungen des Federsee- und Bodenseeraumes bekannt. Selbst sein Kupferbeil ist nahezu identisch mit einem aus Unteruhldingen beziehungsweise Steckborn. Er war etwa 160 cm gross, 50 kg schwer, hatte Schuhgrösse 38, blaue Augen, 9 cm lange, dunkelbraun wellige Haare, war kariesfrei, hatte abgenutzte Gelenke, Parasiten; er hatte Einkorn, Steinbock und Gemüse gegessen, bevor er mit etwa 45 Jahren starb.

Menschliche Skelettreste aus Pfahlbausiedlungen

Die meisten Knochen, die Pfahlbaubewohnern zugeordnet werden können, stammen bislang aus den Siedlungen selbst. Oft zeigen diese Knochen Hundebissspuren. Sie können von Erschossenen, Erschlagenen, Verbrannten, Ertrunkenen oder aus verspülten Gräbern im Siedlungsbereich stammen. Gefunden wurden auch kleine Milchzähne ohne Karies, die Kinder beim Zahnwechsel verloren. Reguläre Bestattungen sind bis jetzt selten. In der jüngeren Steinzeit weisen Steinplattengräber auf die vorherrschende Bestattungsart hin. Innerhalb der Frühmittelbronzezeit ist von Hockergräbern auszugehen, wie dies vereinzelte Gräber am Überlinger See und auf den umgebenden Höhenrücken gezeigt haben. In der Spätbronzezeit sind Urnengräber (Brandbestattungen) mit oder ohne Grabhügel nachgewiesen. Allen Grabsituationen ist eine grosse Fürsorge und Sorgfalt bei der Grabanlage gemeinsam, insbesondere bei Kindern und Jugendlichen, aber auch bei im Kindbett verstorbenen Frauen, geachteten Kriegern und herausragenden Personen.

Lebens- und Leidensgeschichte

Das Krankenblatt des Steinzeitmenschen ist lang und erschütternd: Unzureichende Vitamin A-, D- und Eisenversorgung, Wachstumsstörungen infolge Mangelernährung, Infektionskrankheiten, gebrochene und verkrüppelte Gliedmassen, Spuren von Schädeloperationen, Nachweise vom Tod im Kindbett. Die Lebenserwartung und die Körpergrössen waren gering, bei Frauen geht man von durchschnittlich

1

1 Menschlicher Knochen mit Hundeverbiss aus der jungsteinzeitlichen Ufersiedlung Allensbach.
2 Menschliche Milchzähne aus der jungsteinzeitlichen Ufersiedlung Wangen-Hinterhorn.

150 cm, bei Männern von 160 cm aus. Viele Kinder und Jugendliche prägten das Bild der Dorfgemeinschaft, in der 40-jährige bereits alt und 16-jährige schon erwachsen waren. Doch es gab auch alte, gesunde und grosse Menschen. Ein Gräberfeld der Spätbronzezeit bei Neckarsulm wies 51 Menschen auf, deren Alter von 16 bis 60 und deren Grösse von 160 bis über 180 cm reichte. Sie waren allerdings, dies zeigt die anthropologische Untersuchung, fast alle Männer und nicht freiwillig gestorben.

Gräber

1. *Der Erschossene von Feldmeilen-Vorderfeld um 2700 v. Chr.*

25–30 Jahre alt, rücklings durch einen Pfeil mit Feuersteinpfeilspitze getötet, Verletzungsspuren linkes Schulterblatt, auf Höhe der 6. Rippe.

2. *Das Grab von Kempraten bei Rapperswil, 2700 v. Chr.*

Frau, rund 35, mit 8-monatigem, ungeborenem Kind, schlecht verheiltem Rippenbruch; leichte Karies, knapp 160 cm gross, mit 3 Bären- und 2 Hundeeckzähnen, 4 durchbohrten Meeresmuscheln und einer Knochenahle von Schaf/Ziege als Beigaben bestattet. Steinkistengrab.

3. *Das Grab von Oberuhldingen, 1000 v. Chr.*

Junge Frau mit Armring und zwei Ohrringen als Beigaben. Leichenbrand in Urne mit Schale und Deckel niedergelegt. Urnengrab.

4. *Das Grab von Singen, 850 v. Chr.*

Dreifachbestattung einer erwachsenen Frau, etwa 163 cm gross, eines jungen Mannes und eines Kindes, unter Steinpackung beigesetzt. Separate Einäscherung erfolgte entweder auf verschiedenen Scheiterhaufen oder zeitlich nacheinander. 63 Gefässe, eine Vasenkopfnadel und eine Bronzeschale sowie Fleischbeigabe eines jungen Schweins auf etwa 1 Quadratmeter kompakt innerhalb eines Kreises aus 8 Pfosten mit Öffnung nach Südwesten arrangiert. Urnengrab mit Steinschutz.

5. *Die Gräber von Langenargen, 1300 v. Chr. und 1000 v. Chr.*

Nach Aussage des Finders lagen ursprünglich mindestens 3 Gräber an zwei etwa 400 m voneinander entfernten Fundplätzen vor, die beim Hausbau und der Anlage einer Müllkippe vor über 40 Jahren in bereits gestörtem Zustand angetroffen wurden. Der erhaltene Leichenbrand wurde weggeworfen. Urnengräber.

1

1 Jungsteinzeitlicher Mordfall in Feldmeilen-Vorderfeld, ZH.
2 Im Kindbett verstorben: Rapperswil SG.
3 Urnengrab von Oberuhldingen-Kiesgrube, Sammlung Sulger.
4 Reich bestattet: Grab von Singen.

2

3

4

Was für ein Bild machen wir uns von ihnen?

Die Rekonstruktion des Buchauer Jungen, 850 v. Chr.

Aus der «Wasserburg-Buchau» im Federseemoor konnten neben Fragmenten von Langknochen und Rippen aus dem Spülsaum insgesamt 8 Schädel von Kindern und Jugendlichen, meist Jungen im Zahnwechselalter, und einer Frau, etwa 50 Jahre alt und 162 cm gross, entlang der Ringpalisade geborgen werden. Es ist noch nicht erwiesen, ob sie einem Verbrechen, einem unbekannten Totenkult oder einem Überfall zum Opfer fielen. Die Kopfform eines Kindes konnte – im Gegensatz zu den idealisierten Bildern des 19. und 20. Jahrhunderts, die als Kelten, Südseeanwohner oder Germanen erschienen – mit modernen Methoden anthropologischer Gesichtsrekonstruktion im Modell nachgebildet werden. Die lebensechte Figur vermittelt einen Eindruck, wie der Junge ausgesehen haben könnte.

Was hilft uns in der Deutung der Funde?

Für die weitere Rekonstruktion der Lebensumstände der damaligen Menschen ist die Betrachtung heute noch bewohnter Pfahlbausiedlungen und die planmässige Erforschung der Siedlungs- und Gräberfunde unverzichtbar. Illustrationen fassen den gegenwärtigen Kenntnisstand in Lebensbildern zusammen. Es sind Spuren. Wichtige Fragen bleiben vorläufig unbeantwortet.

Gunter Schöbel

1

2

1 Schädel S4 von der «Wasserburg-Buchau» und Gesichtsrekonstruktion.

2 Der Junge aus der Siedlung «Wasserburg-Buchau». Rekonstruktion O. Nilsson, Stockholm.

3 Der Wagenbauer

3

Literatur

Behnke 2000
Brestrich 1998
Fleckinger 2002
Grüninger/Kaufmann 1982
Kimmig 1992
Krause 1997
Schöbel 2003
Wahl 2002

Mobilität am See

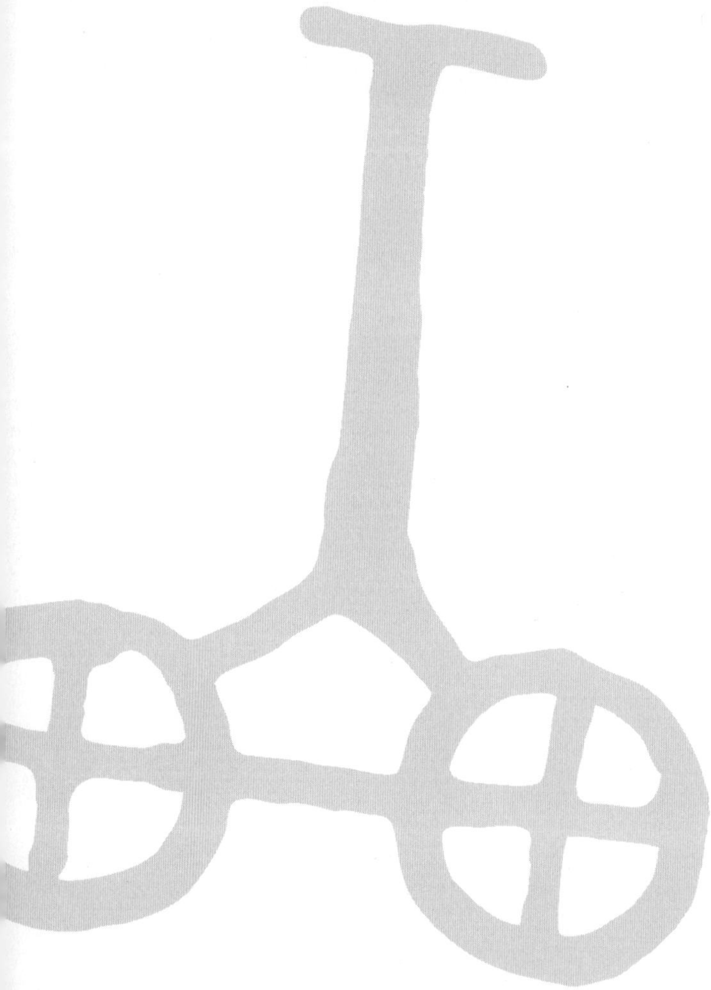

BuW 96
4.7.96

Während eines Grossteils seiner Geschichte war der Mensch als Jäger und Sammler von den jahreszeitlichen Zyklen der Natur abhängig; stetig auf der Suche nach jagdbarem Wild und geeigneten Sammelpflanzen war die räumliche Mobilität Grundvoraussetzung für eine erfolgreiche Überlebensstrategie.

Erst mit der bäuerlichen Landnahme zu Beginn des 6. vorchristlichen Jahrtausends fand die auf Mobilität basierende nomadisierende Lebensweise ihr abruptes Ende. Ackerbau und Viehzucht und die damit verbundene sesshafte Lebensweise versetzten den jungsteinzeitlichen Menschen nun in die Lage, Vorräte anzulegen und damit von den Bedingungen der Umwelt nicht mehr so abhängig zu sein. Die Versorgung der Dörfer mit Produkten, Rohmaterialien und Prestigegütern, die nicht an Ort zu beschaffen waren, setzte damals einen regen Austausch und Handel in Gang. Aus Oberitalien gelangten über die Alpen hinweg Feuerstein, Schmuckschnecken sowie Saatgut mediterraner Garten- und Küchenpflanzen, aus dem Alpeninneren Edelserpentin in die Ufer- und Moorsiedlungen des nördlichen Alpenvorlandes; im Gegenzug fanden aus Süddeutschland und der Schweiz Steingeräte oder charakteristisch verzierte Gefässe ihren Weg nach Norditalien. Eine verkehrsgeographische Schlüsselposition kommt dabei dem oberschwäbischen Federsee zu. An der europäischen Wasserscheide gelegen, besitzt er über die nur wenige Kilometer nördlich verlaufende Donau eine natürliche Verkehrsanbindung in das östliche Europa, gleichzeitig öffnet sich hier über das Schussen- und Rheintal der Korridor nach Süden ins Alpeninnere und weiter nach Norditalien.

«Fernimporte» und «exotische Funde» liefern zweifelsfrei konkrete Hinweise auf eine weiträumige Mobilität, auch wenn sie selbst leider nur wenig darüber aussagen, ob die überlieferten Gegenstände zur Ausstattung eines Individuums gehörten, mit Handelsaktivitäten in Verbindung zu setzen oder als Tauschgaben, Geschenke oder gar Mitgift anzusehen sind. Doch nicht nur über die Fernkontakte berichten die Funde, auch über die Art der Fortbewegung sind wir dank der guten Erhaltungsbedingungen in den Ufersiedlungen informiert. Zunächst ausschliesslich auf die Kraft seiner Arme und Beine angewiesen, entwickelte der Mensch schon frühzeitig entsprechende Hilfen zur Fortbewegung

1

1 Ein Feuersteindolch aus der bronzezeitlichen Siedlung Forschner. Das Rohmaterial stammt von den Monti Lessini aus Oberitalien.
2 Der Federsee liegt am nördlichen Rand der zirkumalpinen Pfahlbaukulturen. Seine besondere verkehrgeografische Bedeutung erklärt sich aus den verschiedenen Kultureinflüssen, die hier zusammentreffen.

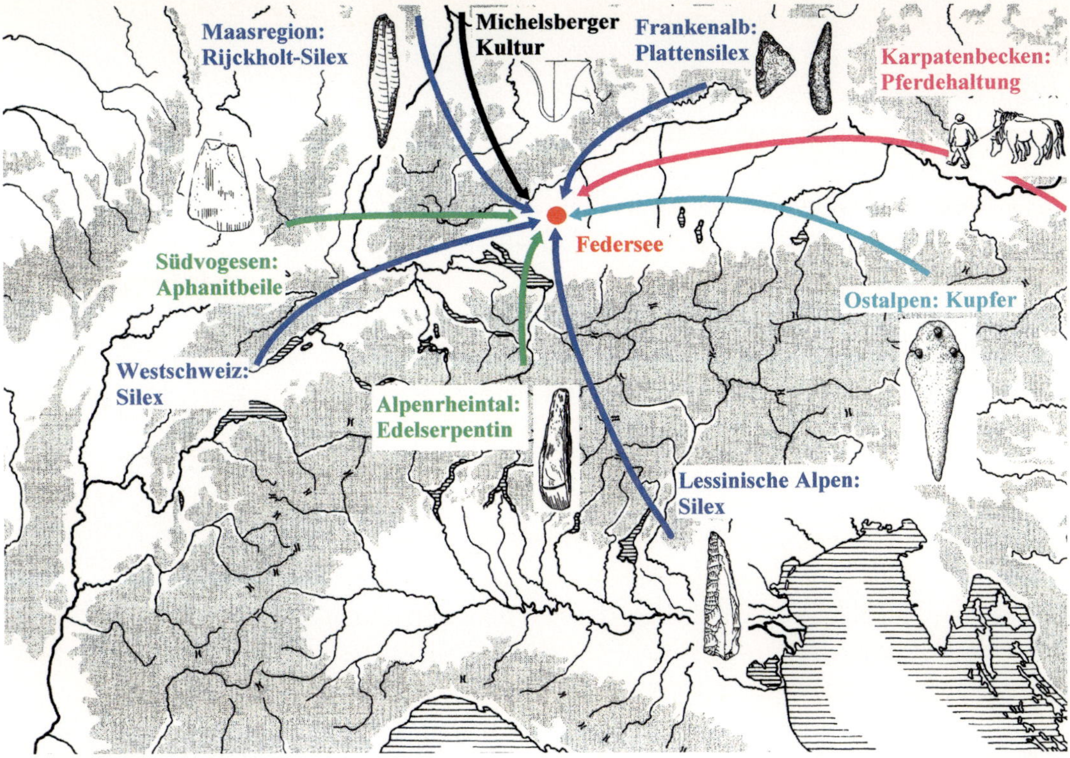
Maasregion:
Rijckholt-Silex
Michelsberger
Kultur
Frankenalb:
Plattensilex
Karpatenbecken:
Pferdehaltung
Südvogesen:
Aphanitbeile
Federsee
Ostalpen: Kupfer
Westschweiz:
Silex
Alpenrheintal:
Edelserpentin
Lessinische Alpen:
Silex

2

oder zum Transport schwerer Lasten: dem Bau von Booten, Schlitten und Schleifen folgte die Anlage befestigter Wege, die Nutzung tierischer Zugkraft und schliesslich die Erfindung von Rad und Wagen, die das Transport- und Verkehrswesen revolutionierte.

Im nassen Element – Wasser als Verkehrsweg

Dichte und unterholzreiche Wälder, nur schwer zu passierende Höhenzüge sowie unüberwindbare Moore prägten die steinzeitliche Landschaft in weiten Teilen Europas. In diesem unwegsamen Gelände bildeten Flüsse und Seen natürliche Handels- und Verkehrswege. Nicht nur bei der Erschliessung neuer Siedlungsräume folgten die Menschen zunächst den Hauptflusstälern, auch viele Handelsgüter und zahlreiche technische Innovationen gelangten entlang der grossen Flüsse ins zentrale Mitteleuropa.

Besondere Bedeutung dürften Seen und Flüsse vor allem aber im Kleinverkehr der Region gespielt haben. Das Wasser war der natürliche Verkehrsweg, auf dem auch schwere Lasten leicht transportiert und andere Dörfer schnell erreicht werden konnten. Doch mögen auch ungebetene Besucher den Wasserweg benutzt haben; die seeseitigen Palisaden bei vielen Siedlungen deuten an, dass sich die Bewohner vielleicht gegen Angriffe vom Wasser her zu schützen versuchten.

Das Wasserfahrzeug in den Moor- und Ufersiedlungen des Alpenvorlandes war der «Einbaum». Gefertigt wurde er durch Aushöhlen eines Baumstammes mit Axt und Dechsel (kleines querschneidiges Beil), deren Hiebspuren noch an vielen erhalten gebliebenen Einbäumen gut zu erkennen sind. Etwa 8300 Jahre zählt der älteste in Europa gefundene Einbaum. Er stammt aus dem niederländischen Ort Pesse und war mit lediglich drei Metern wohl nur für eine Person bestimmt; alle anderen Einbäume sind mindestens 2000 Jahre jünger.

Aufgrund ihrer massiven Bauweise sind die Einbäume meist in gutem Zustand erhalten. Viele andere Wasserfahrzeuge, die wir aus der Völkerkunde kennen, hinterlassen archäologisch jedoch keine oder nur wenige Spuren: Mit Luft gefüllte, aus den Häuten gejagter Tiere gefertigte Schwimmkörper, zusammengebundene Bündel aus Schilf, Holz oder Baumstämmen (Flösse) oder mit Rinde bzw. Leder bespannte Boote (Kanus) aus einem Holz- oder Tierknochengerüst. Da solche Konstruktionen technisch keinerlei Schwierigkeiten bereiteten, ist es durchaus denkbar, dass in der Stein- und Bronzezeit neben Einbäumen auch andere Wasserfahrzeuge in den Seen des Alpenvorlandes zum Einsatz kamen.

1

2

1 Ausgrabung eines mittelalterlichen Einbaums bei Seekirch im Federseemoor. Bestens geeignet waren Einbäume für schnellen Waren- und Personentransport, aber auch fürs Fischen. Bei Berufsfischern waren sie noch im letzten Jahrhundert in Gebrauch.

2 Die «Kolonisierung Europas» durch die jungsteinzeitlichen Bauern (Bandkeramische Kultur) erfolgte entlang der grossen Flusstäler. Aus der im östlichen Mittelmeerraum beheimateten Spondylusmuschel gefertigter Schmuck gelangte über Donau, Elbe und Rhein ins zentrale Europa.

3

4

3 Im Südpazifik sind Einbäume noch heute rege in Gebrauch; mitunter werden Einbäume mit quergelegten Planken (Ausleger) zu einem stabilen Wasserfahrzeug verbunden. Es ist gut möglich, dass die Bewohner der Ufersiedlungen schwere Güter auf ähnliche Weise transportierten.
4 Miniatureinbaum aus der Ufersiedlung von Sipplingen.
5 Wie ein Einbaum aus der spätbronzezeitlichen «Wasserburg Buchau» aus dem Eichenstamm gehauen wurde. In Bezug auf Holzauswahl, Grösse und Form zeigen die prähistorischen Einbäume ein breites Spektrum unterschiedlicher Konstruktionsvarianten. Die senkrecht aufsteigenden Wände verringerten die Gefahr eines Kenterns.

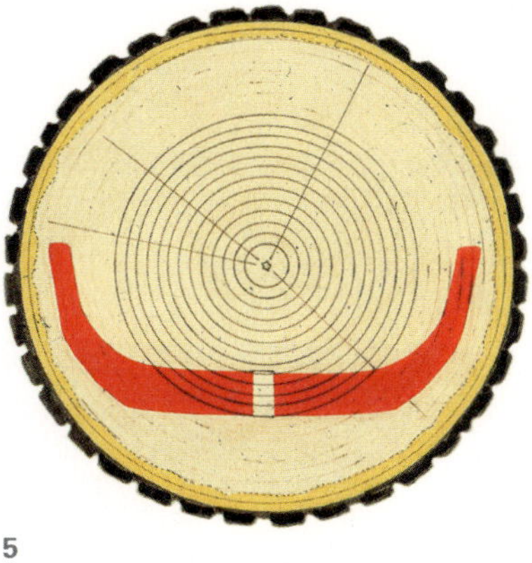

5

Unterjocht! – Tiere im Dienst des Menschen

Noch bis Anfang des letzten Jahrhunderts arbeiteten rund 70 Prozent der bäuerlichen Kleinbetriebe in Süddeutschland mit einem Rindergespann; auch in der Jungsteinzeit und Bronzezeit war der Mensch fast vollständig auf die Zugkraft des Rindes angewiesen.

Doch war das Rind nach seiner Domestikation zunächst hauptsächlich ein Fleischlieferant. Erst in der Mitte des 4. vorchristlichen Jahrtausends – also rund 3000(!) Jahre später – finden sich im archäologischen Kontext Indizien, die auf eine Nutzung der Rinder als Zugtiere schliessen lassen. Neben bildlichen und plastischen Darstellungen von Zuggespannen, Rinderdoppelbestattungen und Pflugspuren begegnet uns in der Siedlung Arbon-Bleiche 3 (um 3380 v. Chr.) das älteste Joch aus den schweizerischen Ufersiedlungen.

Auch die Untersuchung der Knochen der in den Siedlungen geschlachteten Tiere zeigt, dass sich die Alters- und Geschlechtsstruktur der Tiere geändert und damit der Schwerpunkt in der Rinderhaltung zugunsten der «Sekundärprodukte» verschoben hat. Pathologisch-anatomische Veränderungen, besonders an den Halswirbeln und am Fussskelett der Tiere, deuten auf Überlastungserscheinungen hin, die auf ein höheres Alter, vermutlich aber auch auf langjährige Zugarbeit vor Pflug und Wagen zurückzuführen sind.

1

1 Zugtierdarstellung mit Nackenjoch aus Bytyn (Poznan'/Polen).

2

3

2 Mit Zugrindern und Wagen verzierter Stein aus einem Grab bei Lohne (Züschen/Nordhessen), um 3200 v.Chr.
3 Fragmentiertes Holzartefakt aus der Ufersiedlung Arbon-Bleiche 3. Das Gerät lässt sich zu einem Doppeljoch von 93 cm Gesamtlänge ergänzen; diese Länge reicht aus, um zwei kleine Rinder mit einer Widerristhöhe von knapp 1,20 m anzuspannen.

Es geht auch ohne Rad – Sommerschlitten und Stangenschleifen

Schlitten und Schleifen können nicht nur im Winter, sondern als Sommerschlitten, Rutschen oder Schleifen auch im Sommer auf barer Erde eingesetzt werden. Eine Vielzahl von Formen und Varianten streut von den arktischen bis zu den tropischen Breiten, von der alten bis in die neue Welt. Als radlose Transportmittel haben sie sich bis heute behaupten können. Auf lockeren, nass-tiefgründigen Böden, in unwegsamem oder steilem Gelände – überall dort, wo Wege fehlen, können radlose Transportfahrzeuge dem Wagen sogar überlegen sein. Als «Zugtiere» kommen neben dem Rind auch Pferd, Hund, Ren oder der Mensch selbst in Betracht.

In der mitteleuropäischen Stein- und Bronzezeit waren Schleifen und Schlitten in unterschiedlichen Formen und Funktionen in Gebrauch; bildliche Darstellungen (Felszeichnungen), Fragmente hölzerner Stangenschleifen und Schlitten geben einen Eindruck, wie mit Hilfe tierischer Zugkraft schwere oder sperrige Lasten transportiert worden sind.

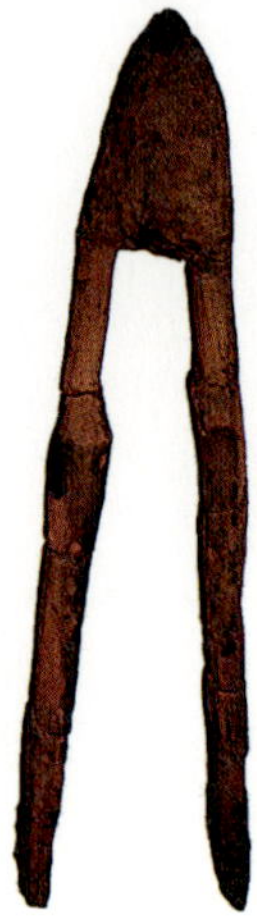

1

2

3

1 Ein gabelförmiges Holzgerät aus Bad Waldsee-Reute (um 3700 v.Chr.). Für diese und ähnliche zeitgleiche Fundobjekte aus Oberschwaben wird eine Verwendung als Stangenschleife in leiterförmig gespreizter Form diskutiert.
2 Rekonstruktion eines spätbronzezeitlichen Holzschlittens mit eingenuteten Tannenbrettern und Ziehseil, «Wasserburg-Buchau».
3 Rekonstruktion der Schleife aus Bad Waldsee-Reute mit angeschirrtem Rinderpaar.

4

5

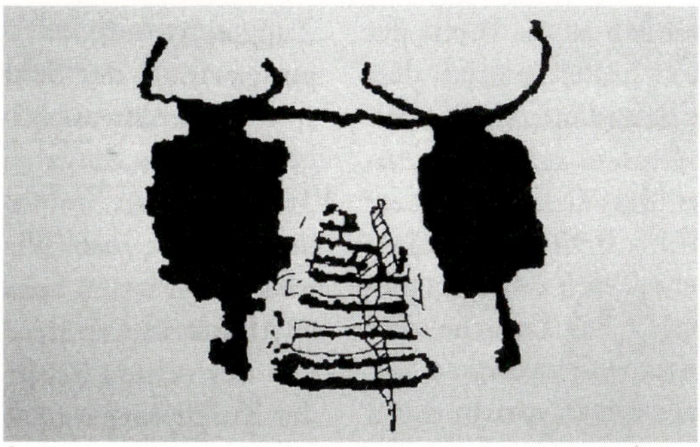

6

4 Eine annähernd komplett erhaltene Stangenschleife konnte in Chalain (Jura, Frankreich) geborgen werden, um 3000 v.Chr.
5 Baumtransport mittels direktem Schleifen (15. Jahrhundert n.Chr.)
6 Darstellung eines Rindergespanns mit Stangenschleife. Felsbild aus dem Val de Fontanable am Mont Bego (Alpes maritimes).
7 Indianische Schleife, sog. «Travois».

7

Die mobile Revolution – Erfindung von Rad und Wagen

Die frühesten Hinweise auf die Verwendung von Rad und Wagen stammen aus dem östlichen Mitteleuropa, aus dem Gebiet zwischen Ostseeküste und ungarischer Tiefebene. Diese aus der Mitte des 4. vorchristlichen Jahrtausends stammenden Wagen hatten festsitzende Achsen mit frei rotierenden Rädern.

Etwa 200 Jahre später treten Rad und Wagen auch in den Moor- und Ufersiedlungen des Alpenvorlandes auf – allerdings in deutlich abweichender Konstruktion: Die Räder waren hier mit rechteckigen Achslöchern versehen und starr mit der Achse verbunden, so dass die Achse unter dem Wagenkörper rotierte. Solche Wagen mit leicht abnehmbaren Rädern waren dem Gelände ideal angepasst, da der Wagenkasten – von der Achse gehoben – auch als einfache Schleife im schwierigen Gelände genutzt werden konnte. Durch Unterschieben des Achs-Rad-Elementes liess sich schnell wieder ein kompletter Wagen bilden. Ob die jungsteinzeitlichen Radfunde des Alpenvorlandes eine lokale Wagenbautradition oder eine – technisch veränderte – Adaption aus Ostmitteleuropa widerspiegeln, bleibt vorerst offen. Die Auswirkungen der Einführung von Rad und Wagen waren jedenfalls gross: sie revolutionierten das Transportwesen und durch die Entstehung von Strassendörfern auch das Siedlungswesen.

Auch die rund 2000 Jahre jüngeren Räder der Bronzezeit stehen in Machart und Gewicht noch deutlich in jungsteinzeitlicher Tradition. Beim Scheibenrad aus der spätbronzezeitlichen «Wasserburg-Buchau» sind die Einschubleisten allerdings bogenförmig und gegenständig angebracht, was den Zusammenhalt der drei Radteile deutlich verbessert. Die Achse, die eine lose zweiteilige Buchse umschliesst, sitzt nun fest am Wagenkörper (die Räder rotierten somit frei um die Achse). Eine Verdickung im Achsbereich erhöht die Belastbarkeit, halbmondförmige Aussparungen dienen der Gewichtsreduzierung und besseren Handhabung. In Form und Grösse nahezu identisch, ist dieser Radtyp von der Schweiz bis zur Ostsee verbreitet.

Die vorgeschichtlichen Wagen dienten nicht nur dem Transport schwerer Lasten. Auch bei religiösen Ritualen besassen sie oftmals eine herausragende Bedeutung – etwa im Grabritus (Leichenfahrten vornehmer Personen), bei Prozessionen oder in Form sogenannter Kultwagen; diese meist vierrädrigen Wagen trugen auf ihrer Lafette entweder einen grossen Kessel, ein Kultbild oder ein Figurenensemble.

1

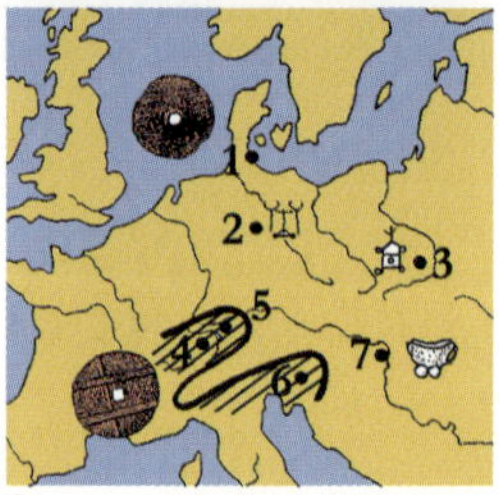

2

1 Deutliche Abrieb- und Schlagspuren an jungsteinzeitlichen Rädern belegen eine Nutzung des Wagens zu Transportzwecken, etwa in der Land- und Forstwirtschaft.
2 Die ältesten Hinweise auf Rad und Wagen in Mitteleuropa: Fahrspuren aus Flintbeck (1), Wagendarstellungen aus Züschen (2) und Broncice (3), Radfunde aus Zürich (4), vom Federsee (5), dem Laibacher Moor (6), Wagenmodelle der Badener Kultur (7).
3 Spätbronzezeitliches Scheibenrad aus der «Wasserburg-Buchau».
4 Wagenförmige Tonmodelle aus Budakalász und Szigetszentmarton (Ungarn), um 3400 v.Chr.

5 Radteil aus Alleshausen, Federsee. Wie bei anderen jungsteinzeitlichen Wagenrädern dieses Gebietes handelt es sich um Scheibenräder aus zwei durch Einschubleisten verbundene Ahornbretter. In Bauart und Materialauswahl entsprechen sie etwa zeitgleichen Rädern aus der Schweiz und Sloweniens.

6 Zweirädrige Karren mit rotierender Achse sind im Mittelmeerraum und in Anatolien noch heute weit verbreitet.

7 Rekonstruktion eines jungsteinzeitlichen Wagens im Federseemuseum; gesicherte Originalteile sind nur Achse und Räder. Die Nachbildung des Wagenkörpers basiert auf dem Fund einer Schleife aus der jungsteinzeitlichen Siedlung von Bad Waldsee-Reute.

8 Anhand von Radfunden und Wagenteilen rekonstruierter spätbronzezeitlicher Wagen, «Wasserburg-Buchau».

3

5

6

7

4

8

In Verbindung stehen – Wege durchs Moor

Auf weichem Untergrund oder im dichten unterholzreichen Wald nützt der beste Wagen nichts, wenn keine befestigten Wege vorhanden sind. Aus den grossen Moorgebieten Norddeutschlands, Hollands oder Englands kennen wir inzwischen eine Vielzahl stein- und bronzezeitlicher Bohlen- und Prügelwege. Hier bildeten die im Verlauf des Atlantikums zwischen 6000 und 4000 v. Chr. entstandenen Hochmoore eine nur schwer passierbare Landschaftsbarriere, die durch künstlich angelegte Wege überbrückt werden musste. Neben schmalen, ausschliesslich dem Fussverkehr dienenden Holzstegen, die oft nur das feuchte Randmoor überbrückten, finden sich zahlreiche mitunter kilometerlange Moorwege, welche die durch die Hochmoore getrennten Landschaftsteile miteinander verbanden; zuweilen durch Pfähle mit dem Untergrund fest verankert und mit einer Deckschicht aus Heide- und Grassoden versehen, erlaubten sie eine sichere Passage durchs Moor.

Auch im Alpenvorland sind uns dank der guten Erhaltungsbedingungen zahlreiche vorgeschichtliche Bohlenwege erhalten geblieben. Allerdings ist hier der Anteil der meist nur kleinflächigen Moore an der Gesamtfläche des Landes um ein Vielfaches geringer, so dass nur selten grössere Moorflächen überwunden werden mussten. Die Bohlenwege sollten vielmehr die in den Mooren und an den Seeufern errichteten Dörfer mit dem mineralischen Boden, dem Hinterland, verbinden, weil dort die Wirtschaftsflächen lagen.

In der Jungsteinzeit und Bronzezeit waren befestigte Zuwege ein wichtiger Bestandteil der Moor- und Ufersiedlungen. Noch vor der Erfindung von Rad und Wagen wurde auf ihnen das Erntegut und Laubheu transportiert und Vieh aus der Siedlung getrieben. Später entwickelten sich entlang solch künstlich angelegter Wege ganze Strassendörfer.

Als besonders spektakulär erweist sich ein dreispuriger mittelbronzezeitlicher Bohlenweg bei Bad Buchau im Federseemoor. Gleich einer modernen Fahrstrasse verbindet er mit einer Spurbreite von annähernd neun Metern(!) die mineralische Insel Buchau über das Moor mit dem Festland.

Ralf Baumeister

1 Bohlenwege zwischen Bad Buchau und Kappel. Die hohe Zahl vorgeschichtlicher Bohlenwege erklärt sich durch die geringe Breite des Moores an dieser Stelle; mit nur 700 Metern liegt hier der kürzeste Übergang zur «Insel Buchau».

2 Freilegung dreier nebeneinander liegender Bohlenwege bei Bad Buchau. Ab 1505 v.Chr. wurden sie rund 150 Jahre lang genutzt.

2

Literatur

Heumüller 2000
Keefer 1996
Koch 1984
Köninger et al. 2002
Matuschik / Schlichtherle 2001
Mottes / Nicolis / Schlichtherle 2002
Röber 2000
Tarr 1978
Vosteen 1999

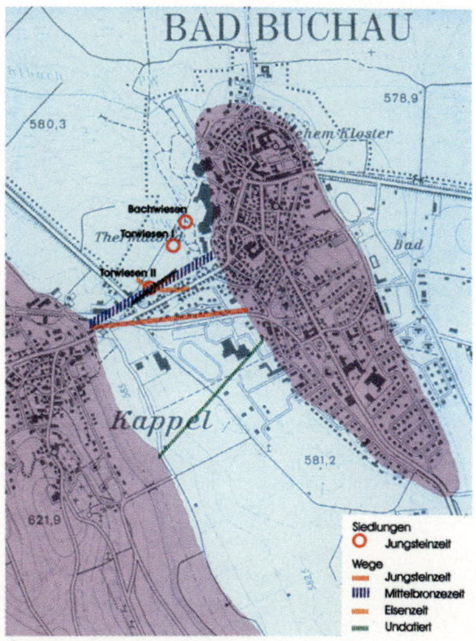

1

KATALOG

1 Pfahlschuh und Ständer

D-Hornstaad-Hörnle IA (1976 und 1980)
Ho 76 46/48-20 und Ho 80 49/46-2,
Hornstaader Gruppe.
Ahorn und Hasel, L 45 und 102 cm
Lit. Schlichtherle 1997c, 96

2 Bretter, wahrscheinlich Dachschindeln

CH-Arbon-Bleiche 3 (1995)
Horgener Kultur.
Weisstanne
Lit. Leuzinger 2000, 115–117

3 Steigbaum

CH-Arbon-Bleiche 3 (1995)
H. 3038, Horgener Kultur.
Erle, L mind. 570 cm
Lit. Leuzinger 2000, 113–115

4 Hauspfähle

D-Bad Buchau-Torwiesen (2003)
To II 03 P 115/78-3 und P 118/78-1
Horgener Kultur.
Esche und Eiche, L 245 und 348 cm
Lit. Schlichtherle et al. 2003, 48–50

5 Bemalter Hüttenlehm

D-Ludwigshafen-Seehalde (1990–1992)
Pfyner Kultur.
Lehm
Lit. Schlichtherle 1992

6 Pfahl mit Rast und Zapfen

D-Ludwigshafen-Seehalde (2001)
Ld 01 275/66-2, Frühbronzezeit.
Esche, L 120 cm
Lit. Köninger 2002

7 Pfahlschuh

D-Ludwigshafen-Seehalde (2001)
Ld 01 275/67-3, Frühbronzezeit.
Erle, L 90 cm
Lit. Köninger 2002

8 Pfähle mit Rast und Zapfenspitze

D-Bad Buchau-Siedlung Forschner (1989)
Mittelbronzezeit.
Kiefer L 200–240 cm
Lit. Keefer 1990

Holzbearbeitung

9 Holz mit noch steckenden Spaltkeilen

D-Hornstaad-Hörnle IA (1985)
Ho 85 63/51-4, Hornstaader Gruppe.
Hasel, L 450 cm
Lit: Billamboz 1987, 30

10 Flügelholm

D-Hornstaad-Hörnle IA (1987)
Ho 87 34/55-50, Hornstaader Gruppe.
Esche, L 66 cm
Lit. Dieckmann 1987, 49

11 Knieholm

D-Alleshausen-Hartöschle (1984)
Ht 84 28-5, Schussenrieder Kultur.
Eiche, L 35 cm
Lit. Strobel 2000a, 203

12 Stangenholm

D-Seekirch-Stockwiesen (1996)
St 96 159/91-1, Horgener Kultur.
Buche, L 22 cm
Lit. unpubliziert

13 Steinbeile und anderer Siedlungsmüll

D-Allensbach-Strandbad (2003),
Horgener Kultur.
Knochen, Stein, Silex
Lit. unpubliziert

14 Seil

CH-Arbon-Bleiche 3 (1995)
FK 1995.001.8930.1, Horgener Kultur.
Lindenbast, L ca. 40 cm
Lit. De Capitani et al. 2002, 123–126

15 Holznägel

D-Oggelshausen-Bruckgraben (1998–1999)
Ogb 98 155/480-28 und Ogb 99 156/450-42,
Eisenzeit.
Esche, L 10,3 und 6,2 cm
Lit. Köninger 2001/2002, 44

Dolch im Müll

16 Dolch

D-Allensbach-Strandbad (2003)
As 03 47/748-1001, Horgener Kultur.
Holunderholz, Pech und Silexklinge aus
vermutlich oberitalienischem Feuerstein,
L 16 cm
Lit. Schlichtherle 2003a

17 Stössel

D-Bad Buchau-Torwiesen (2000)
To II 00 129/60-7, Horgener Kultur.
Birke, L 104 cm
Lit. Schlichtherle 2001, 44

18 Haken zum Aufhängen

D-Wangen-Hinterhorn (1988)
Wa 88 663-1, Pfyner Kultur.
Weisstanne, L 18 cm
Lit. unpubliziert

19 Rindenschachtel

D-Sipplingen-Osthafen (1997)
Si 97 242/88-5, Horgener Kultur.
Rinde, L 23 cm
Lit. unpubliziert

20 Quirl

D-Bad Buchau-Torwiesen (2003)
To II 03 111/61-64, Horgener Kultur.
Kiefer, L 25 cm
Lit. unpubliziert

Koch- und Essgeschirr

21 Geschirrsatz

D-Hornstaad-Hörnle IA (1983–1993)
Hornstaader Gruppe.
Keramik, H 9,7–35,5 cm
Lit. Schlichtherle 1990, 92–102

22 Verzierter Topf mit Sonnenmotiv

D-Wangen-Hinterhorn (1981)
Wa 81 100-29, Horgener Kultur.
Keramik, H 14 cm
Lit. Schlichtherle/Wahlster 1986, 67

23 Kochtopf

D-Nussdorf-Strandbad (1981)
Nu 81 A 18 T, Horgener Kultur.
Keramik, H 43 cm
Lit. Köninger 1999

24 Kleiner Tonlöffel

D-Aulendorf-Steeger See (1993)
Au 93 196-1, Schussenrieder Kultur.
Keramik, L 7 cm
Lit. Köninger 1998

25 Miniaturgefäss

D-Aulendorf-Steeger See (1993)
Au 93 192-1, Schussenrieder Kultur.
Keramik, H 7 cm
Lit. Köninger 1998

26 Netz mit Netzsenkern

D-Hornstaad-Hörnle (1983–1993)
Hornstaader Gruppe.
Flachs und Bast, Stein.
Lit. Körber-Grohne/Feldtkeller 1998, 135–137

27 Reuse

CH-Steckborn-Schanz (1982)
Horgener Kultur.
Hasel und Waldrebe, L 72 cm
Lit. Winiger/Hasenfratz 1985, 146–147

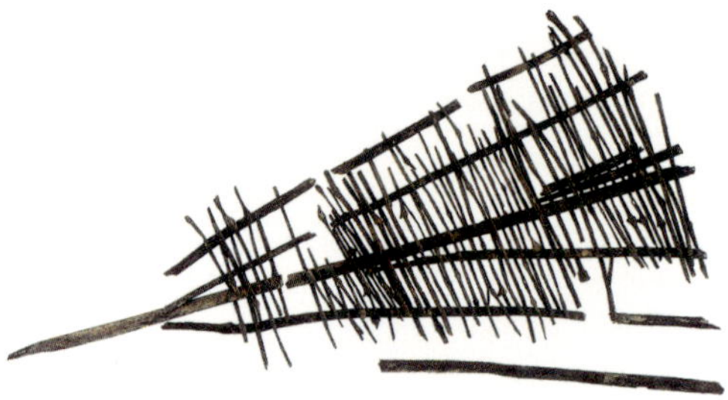

28 Reuse

D-Wallhausen-Ziegelhütte (1998)
FK Befund 95, Horgener Kultur.
Hasel, Hartriegel und Waldrebe, L 106 cm
Lit. Köninger/Lübke 2001, 75–77

29 Angelhaken mit Leine

CH-Arbon-Bleiche 3 (1995)
FK 1995.001.8620.1, Horgener Kultur.
Eberzahnlamelle und Lindenbast, L 6,5 cm
Lit. De Capitani et al. 2002, 123–124

30 Angelhaken

CH-Eschenz-Insel Werd (1931–1935)
FK 696, 879, 2926, Spätbronzezeit.
Bronze, L 2,4–5,1 cm, Gewicht 0,9–6,2 g
Lit. Brem et al. 1987, 138–139

31 Harpune

CH-Arbon-Bleiche 3 (1994)
FK 1994.001.4197.1, Horgener Kultur.
Geweih, L 24,9 cm, Gewicht 55,7 g
Lit. De Capitani et al. 2002, 338

32 Hundeskelett

CH-Arbon-Bleiche 3 (1995)
FK 1995.001.7241.1, Horgener Kultur.
Vollständiges, im Sehnenverband gefundenes Skelett.
Lit. Leuzinger 2000, 82–83

33 Ziegenkot

CH-Arbon-Bleiche 3 (1993)
FK 1993.001.4097, Horgener Kultur.
Kot, L ca. 1,1 cm
Lit. Akeret et al. 1999, 175–183

34 verkohlte Wildapfelhälften

CH-Niederwil/Gachnang-Egelsee (1963)
Pfyner Kultur.
Halbierte, verkohlte Wildäpfel, L ca. 2–3 cm
Lit. unpubliziert

35 Dolch

CH-Arbon-Bleiche 3 (1995)
FK 1995.001.8923.1, Horgener Kultur.
Flächig retuschierter Dolch aus oberitalienischem Silex (Monti Lessini/Monte Baldo), L 10,4 cm

Lit. De Capitani et al. 2002, 24–36

36 Boleráz-Gefäss

CH-Arbon-Bleiche 3 (1993)
FK 1993.001, Gefäss-Nr. 16757,
Horgener Kultur.
Ritzverzierte Amphore mit Granitmagerung, vergleichbare Funde stammen aus der Boleráz-Stufe der Badener Kultur, H ca. 30,4 cm

Lit. De Capitani et al. 2002, 158, 268

37 Golddraht

CH-Arbon-Bleiche 2 (1945)
Inv.-Nr. X 1978 (F), späte Frühbronzezeit.
Gold, Dm 0,085 cm

Lit. Hochuli 1994, 110, 171, 304

38 Perlen

CH-Ürschhausen-Horn (1985–1990)
Inv.-Nr. ÜH-85-448.1, ÜH-86-1806.5, ÜH-85-438.1, ÜH-85-401.2, ÜH-86-1506.3, ÜH-88-4151.2, späte Spätbronzezeit.
Bernstein, Glas

Lit. Nagy 1999, 70–72

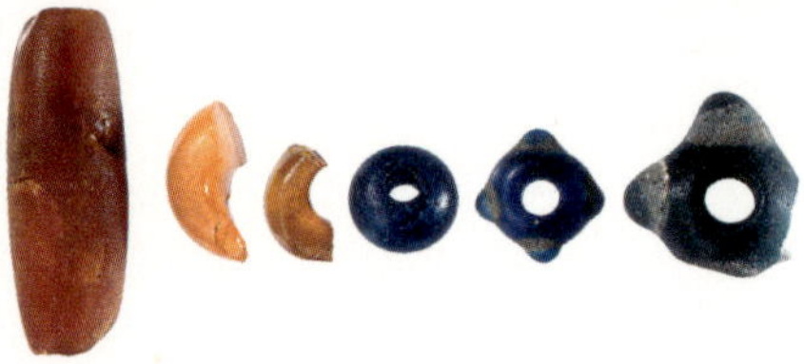

39 Pintadera

D-Aulendorf-Steeger See (1993)
Inv.-Nr. Au 168-28, Pfyn-Altheim Gruppe.
Tonstempel mit rautenförmigem Muster, L 8,3 cm

Lit. Mottes/Nicolis/Schlichtherle 2002, 126–127

Kupferverarbeitung

40 Buckelscheibe

D-Hornstaad-Hörnle IA (1985)
Inv.-Nr. Ho 51/51-29, Hornstaader Gruppe.
Kupfer, zwei Durchlochungen, drei schwache Buckel, Dm 10,0–11,5 cm

Lit. Dieckmann 1987, 34–37

41 Pfriem

CH-Pfyn-Breitenloo (2002)
FK 2002.030.1.1, Pfyner Kultur.
Kupfer mit Resten einer Schäftung aus Buchenholz, L 8,9 cm
Lit. Fundbericht JbSGUF 86, 2003, 205

42 Beil

CH-Steckborn-Schanz (1983)
FK 2003.037.1, Pfyner Kultur.
Kupfer, Lesefund eines Privattauchers, L 9,3 cm
Lit. Fundbericht JbSGUF 87, 2004

43 Schmuckspirale

CH-Niederwil/Gachnang-Egelsee (1963)
FK 2002.085.1, Pfyner Kultur.
Kupfer, L ca. 17 cm
Lit. Leuzinger 2004

44 Gusstiegel

CH-Hüttwilen-Nussbaumersee-Inseli (1991)
CH-Niederwil/Gachnang-Egelsee (1962)
CH-Steckborn-Turgi?
Pfyner Kultur.
Keramik, Reste von Kupfer, L 13,2 cm
Lit. Hasenfratz/Schnyder 1998, 113; Leuzinger 1997, 51

45 Sichel

CH-Eschenz-Insel Werd (1931–1935)
Fund-Nr. 3613; Niederwil/Gachnang TG Egelsee (1961–63) Fund-Nr. Hg825, Pfyner Kultur.
Sichel aus Plattenhornstein und Griff aus Buchenholz, L (Klinge) 21,8 cm; L (Griff) 26,5 cm
Lit. Hasenfratz 1985, 110, 124; Müller-Beck 1991, 91–95

46 Erntemesser

CH-Niederwil/Gachnang-Egelsee (1963)
Fund-Nr. Hg47, Pfyner Kultur.
Feuersteinmesser mit Griff aus Pappelrinde, L 11,9 cm
Lit. Müller-Beck 1991, 98, 107

47 Gussform

CH-Eschenz-Insel Werd (1931–1935)
Fund-Nr. 8414, Spätbronzezeit.
Sandstein, Gussform einer zweirippigen Zungensichel, L 21,5 cm
Lit. Brem et al. 1987, 142

48 Steinbeil mit Holm

CH-Steckborn-Schanz? (um 1882)
Fund-Nr. 1882.027.1, Neolithikum.
Das Stück galt lange als verschollen und wurde erst 1993 im Depot des Amts für Archäologie wiedergefunden, L 59,2 cm

Lit. Winiger/Hasenfratz 1985, 104–105

49 Steinperlenproduktion

D-Hornstaad-Hörnle (1983–1993)
Hornstaader Gruppe.
Dickenbännlibohrer, Perlenrohlinge, Kettenschieber und Röhrenperlen

Lit. Schlichtherle 1990, Taf. 31-32

50 geflickter Topfboden

CH-Arbon-Bleiche 3 (1995)
FK 1995.001, Gefäss-Nr. 19603,
Horgener Kultur.
Ausgebesserter Topfboden, H 26,5 cm

Lit. De Capitani 2002, 166

51 Astgabelidol

D-«Wasserburg-Buchau» (Grabung 1937)
Inv. Nr. 323/ W 8/9, Spätbronzezeit.
Holz, L 123,5 cm, Ø Korpus 7,1–6,2 cm,
L Kopf 9 cm

Lit. Kimmig 1992, 60, Taf. 36; Schneider 1937

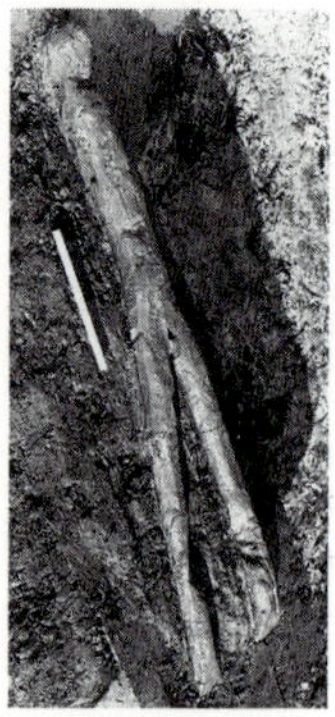

52 Schwalbenschwanzanhänger

D-Hagnau-Burg
Inv.-Nr. RmHag 12–15,
Spätbronzezeit.

Lit. Schöbel 1996, Taf. 79, 1-4

53 Weibliche Idolfigur

D-«Wasserburg-Buchau» (Grabung 1921)
Inv.-Nr. W I B/P-6248, Spätbronzezeit.
Keramik, L 4,7 cm, B 3,85 cm

Lit. unpubliziert

54 Topfboden mit Fingereindrücken und Abguss

CH-Grandson-Corcelettes
Inv.-Nr. 10646.IV, Endneolithikum.
Keramik, Ø 16 cm
Lit. Kollmann 1899, 86–91

55 Halskette

D-«Wasserburg-Buchau» (Grabung 1921)
Inv.-Nr. b. 173 und b. 174, Spätbronzezeit.
Halskette mit 168 Ringen und 4 schwalbenschwanzförmigen Anhängern
Lit. Reinerth 1929, 141, Taf. 31.2

56 Kleines «Mondidol»

D-Unteruhldingen-Stollenwiesen
(Slg. Giess), Spätbronzezeit.
Verzierung mit 13 Eindrücken und 5 Ritzlinien,
Keramik, L 5,1 cm, H 2,9 cm
Lit. Schöbel 1996, 176, T. 51.2

Persönliche Gerätschaften

57 Birkenrindenröllchen, Kerzen

Div. Fundorte im Federseemoor und
D-«Wasserburg-Buchau» (Grabung 1927)
Inv. Nr. P-6475
H 2,3 cm, Ø 4 cm
Lit. unpubliziert

58 Töpfermarkierung

D-«Wasserburg-Buchau» (Grabung 1927)
IP 10 1927.121, Spätbronzezeit.
Keramik, kreuzförmige Bodenmarke,
Ø Boden 5 cm
Lit. unpubliziert

59 «Handangel»

D-«Wasserburg-Buchau» (Grabung 1928)
Spätbronzezeit.
Knochen, L. 11,9 cm
Lit. unpubliziert

60 Angelhaken

D-Wangen-Hinterhorn
Inv.-Nr. P-6122 (Slg. Funk), Pfyner Kultur.
Knochen, L 4,2 cm, B 1,1 cm
Lit. unpubliziert

61 Angelhaken

D-Hagnau-Burg
Inv.-Nr. P-6122, Spätbronzezeit.
Bronzedraht, L 4,2 cm, B 1,6 cm
Lit. unpubliziert

62 Schleuderkugeln

D-«Wasserburg-Buchau»
Spätbronzezeit.
Lit. Kimmig 1992, Taf. 59

63 Saugfläschchen

D-«Wasserburg-Buchau» (Grabung 1937)
Inv.-Nr.42/37,W23L, Spätbronzezeit.
Sauggefäss oder Lampe in Vogelform.
Keramik, poliert, riefen- und einstichverziert,
weisse Inkrustation in den Einstichen
L 14,5 cm, H 5,7 cm
Lit. Kimmig 1992, 66

64 Bronzearmring
D-Bodman-Schachen
(Slg. Allgaier), Mittelbronzezeit.
Bronze, Ø 6,1 cm x 5,1 cm
Lit. unpubliziert

65 verschmolzene Bronzeringe
D-Konstanz-Frauenpfahl
Inv.-Nr. RM Kon 363, Spätbronzezeit.
Bronze, Ø 7 cm
Lit. Schöbel 1996, 162, T. 5.14

66 Vasenkopfnadel
D-Unteruhldingen-Stollenwiesen
(Slg. Giess), Spätbronzezeit.
Bronze, 3-fach umgebogen,
L 4,8 cm, H 1,3 cm, Ø 0,2 cm
Lit. Schöbel 1996, 170, T. 31.23

67 Stofffragment

D-Wangen-Hinterhorn
(Slg. Funk), Pfyner Kultur.
Lein, L 9,0 cm
Lit. unpubliziert

68 Basthut

D-Wangen-Hinterhorn
Pfyner Kultur.
Baumbast, H 21,4 cm
Lit. Feldtkeller/Schlichtherle 1987, 77, Abb. 3

69 «Kaugummi»

D-Hornstaad-Hörnle IA
Hornstaader Gruppe.
Birkenteerklumpen mit Zahnabdrücken,
L 2–3 cm
Lit. Schlichtherle/Wahlster 1986, 92, Abb. 189

70 Flöte

D-Hagnau-Burg
Inv.-Nr. Ha 86 Q 55-5, Spätbronzezeit.
Holunder (*Sambucus nigra*), Fragment einer
Einlochflöte, L 15,3 cm, Ø 1,55–2,1 cm
Lit. Schöbel 1996, 181–182, T. 73.21

71 Rassel

D-«Wasserburg-Buchau» (Grabung 1928)
IP 12, 17/P-6462, Spätbronzezeit.
Keramik, H 6,3 cm, Ø 6,1 cm
Lit. unpubliziert

72 Polierstein

D-«Wasserburg-Buchau»
Inv.-Nr. P-6491, Spätbronzezeit.
L 6 cm
Lit. unpubliziert

Körperpflege

73 Kamm

CH-Arbon-Bleiche 3 (1995)
Inv.-Nr. 1995.01.7454.1, Horgener Kultur.
Wolliger Schneeball, Heckenkirsche, Hasel
und Eiche, L 9,3 cm
Lit. De Capitani et al. 2002, 101–103, Abb. 124.2

74 Rasiermesser

D-«Wasserburg-Buchau»
Inv.-Nr. 71/37 b, Spätbronzezeit.
Bronze, L 12,8 cm, Klinge 7,6 cm x 6,3 cm
Lit. Kimmig 1992, 45, T. 7.6

«Zahnlücken»

75 Milchzähne

D-Wangen-Hinterhorn und
D-Hornstaad-Hörnle IA
Inv.-Nr. Wa 82 211-1004; Wa 76 Q4-35;
Wa 81 Q11-54,
Pfyner Kultur/Hornstaader Gruppe.
Lit. unpubliziert

MOBILITÄT AM SEE

Importfunde

76 Dolch

D-Bad Waldsee-Reute «Schorrenried» (1983)
RE 83 Q268/402-26, Pfyn-Altheimer Gruppe.
Kupfer, L 11 cm
Lit. Mainberger 1998, Abb. 215

77 Steinkerne

D-Hornstaad-Hörnle IA (1983–1993)
Inv.-Nr. AH3, Hornstaader Gruppe.
Kerne der Kornelkirsche. Die roten Früchte der in Südosteuropa verbreiteten Pflanze schmecken leicht säuerlich und eignen sich getrocknet hervorragend als Proviant für längere (alpine) Touren.
Lit. Maier 2001

78 Beilklinge

D-Wolpertswende-Schreckensee (1923)
Inv.-Nr. PBO 1836 (Slg. Forschner),
Goldberg III/Horgener Kultur.
Edelserpentin, L 3,6 cm
Lit. Mottes/Nicolis/Schlichtherle 2002, Abb. 10

79 Nierenförmges Webgewicht

D-Bad Waldsee-Reute «Schorrenried» (1981–1982) RE81 Q112-9; RE82 Q115-3, Pfyn-Altheimer Gruppe.
Nierenförmiges Webgewicht nach dem Vorbild mediterraner «reniformi», L ca. 21 cm
Lit. Mainberger 1998, Taf. 14

80 Pfeilspitzen

CH-Arbon-Bleiche 3 (1993–1995)
Horgener Kultur.
Pfeilspitzen aus italienischem Silex (Monte Baldo) und regionalem Jura-Hornstein (3. von links).
Lit. De Capitani et al. 2002, Abb. 26

81 Glaskette, Glasperlen, Bernstein

D-«Siedlung Forscher» und
D-«Wasserburg-Buchau»,
Bronzezeit.
Glas, Bernstein. Die Kette aus grünlichem Glas ist offenbar durch einen Brand zu einem Klumpen verschmolzen.

Lit. Keefer 1996, 92

82 Gefässfragment der Badener Kultur

CH-Arbon-Bleiche 3 (1995)
FK 1995.00110653.1, Horgener Kultur.
Reich verziertes Gefäss der sog. Boleráz-Stufe der Badener Kultur, L 14 cm

Lit. De Capitani et al. 2002, Abb. 311

83 Feuersteinklinge

D-Alleshausen-Hartöschle (1992)
Inv.-Nr. Ht92 218/201-34,
Schussenrieder Kultur.
Das Rohmterial dieser Feuersteinklinge stammt aus der holländischen Provinz Limburg, wo um 4000 v.Chr. bei Rijckholt ein grosses Feuersteinbergwerk existierte. L 12,4 cm

Lit. Keefer 1996, 71

84 Korb

CH-Arbon-Bleiche 3 (1995)
FK 1995.01.9769.1, Horgener Kultur.
Korb aus Lindenbast (Spiralwulsttechnik) mit alter Flickstelle, erh. Dm 50 cm
Lit. De Capitani et al. 2002, Abb. 169.3

85 Holzgefässe

D-Bad Waldsee-Reute «Schorrenried» (1981)
RE81 Q80-9, Pfyn-Altheimer Gruppe.
Eimerartiges Holzgefäss aus der Maserknolle einer Eiche, H ca. 30 cm
Lit. Mainberger 1998, Abb. 215

86 Holzschale

CH-Arbon-Bleiche 3 (1995)
FK 1995.01.10027.1, Horgener Kultur.
Flache, ovale Schale aus Kernobstholz, L 23,5 cm
Lit. De Capitani et al. 2002, Abb. 109

87 Dauben von Holzgefäss (?)

CH-Arbon-Bleiche 3 (1993–1995)
Horgener Kultur.
Brettchen aus Eichenholz, vermutlich Bestandteile von Daubengefässen.
Lit. De Capitani et al. 2002, Abb. 115 u. 116

88 Rindenschachtel

CH-ArbonBleiche 3 (1994)
FK 1994.01.5455.1, Horgener Kultur.
Unterteil eines Gefässes aus Lindenrinde mit Boden-Wand-Naht, Dm 32 cm
Lit. De Capitani et al. 2002, Abb. 117.1

Fussbekleidung

89 Schuhe

D-Allensbach-Strandbad (1986)
Inv.-Nr. As86 435-1, Horgener Kultur.
Zwei unterschiedlich angefertigte Schuhe: Links eine geflochtene Sandale im Stil einer modernen «Espadrille»; rechts ein leinwandbindiges, über den Zehen zusammengeschnürtes Geflecht; Lindenbast, L 24,5 cm
Lit. Matuschik/Schlichtherle 2001, 16

90 Miniatureinbaum

D-Wallhausen (1999)
WL99 193/173-2, Horgener Kultur.
Kleiner Einbaum aus Erlenholz
(Kinderspielzeug?), L 20,5 cm
Lit. Röber 2000, Abb. 8

91 Miniatureinbaum

CH-Arbon-Bleiche 3 (1993)
FK 1993.001.2676.1, Horgener Kultur.
Kleiner Einbaum aus Erlenholz, L 40 cm
Lit. De Capitani et al. 2002, Abb. 129

92 Miniatureinbaum

CH-Ürschausen-Nussbaumersee (1990)
FK HN90-1411, Pfyner Kultur.
Kleiner Einbaum aus Ulmenholz, L 16,8 cm
Lit. Steiner 1997, 97–101

93 Paddel

D-«Wasserburg-Buchau» und
D-Oggelshauser Ried
Bronzezeit.
Kiefernholz.
Lit. Keefer 1996, 101

Schlitten und Schleifen

94 Kufe

D-«Wasserburg-Buchau» (Parzelle
Staudacher, 1937)
Fund-Nr. 286/7 (verschollen),
späte Bronzezeit.
Kufe eines Schlittens(?) aus Eichenholz, L 64 cm
Lit. Kimmig 1992, Taf. 37.4; Schneider 1937

95 Gabelförmiges Holzgerät

D-Aulendorf-Steger See (1993)
AU93 Q168-35, Pfyn-Altheimer Gruppe.
Stammgabel einer Buche. Für derartige
Holzobjekte wird eine Verwendung als
«Jochstangenschleife» diskutiert, L ca. 0,72 m
Lit. Köninger et al. 2002, Abb. 7

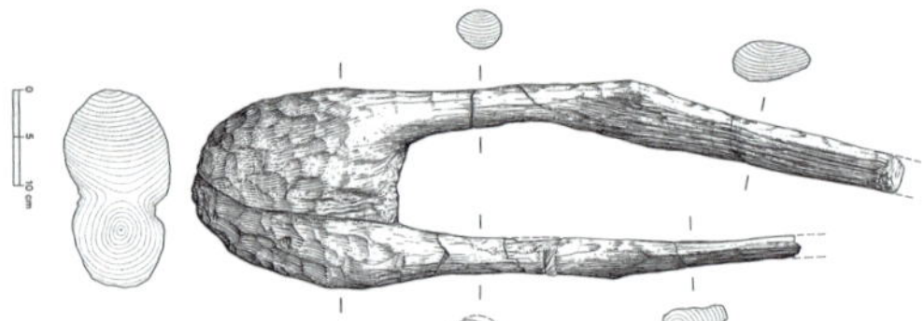

96 Spinnwirtel

CH-Arbon-Bleiche 3 (1995)
FK 1995.017837, Horgener Kultur.
Spinnwirtel aus gebranntem Ton mit hölzerner Spindel (Hasel) und aufgewickeltem Faden aus Pflanzenfasern (Lindenbast?), L 19,1 cm

Lit. De Capitani et al. 2002, Abb. 147, 3

97 Radteile

D-Seekirch-Achwiesen (1989)
Sa89 Q98/147-31; Sa89 Q97/148-30, Goldberg III- Gruppe.
Scheibenräder mit zwei bzw. drei schwalbenschwanzförmigen Einschubleisten; Ahorn (Stammdurchmesser ca. 60 cm), Einschubleisten aus Esche.

Lit. Köninger et al. 2002, Abb. 18

98 Vogelaufsätze

D-Königsbronn (1974)
späte Bronzezeit.
Aus einem Wagengrab. Die mit einem Vogel verzierte Tülle sass vermutlich an der Deichsel; die anderen Vogelaufsätze schmückten den Wagenaufbau, Bronze.

Lit. Seidel 1995, 101

99 Trensen

D-«Wasserburg-Buchau» (1927)
späte Bronzezeit.
Trensenknebel aus Hirschgeweih,
L 9,2 / 9,8 / 12,5 cm
Lit. Kimmig 1992, Taf. 23

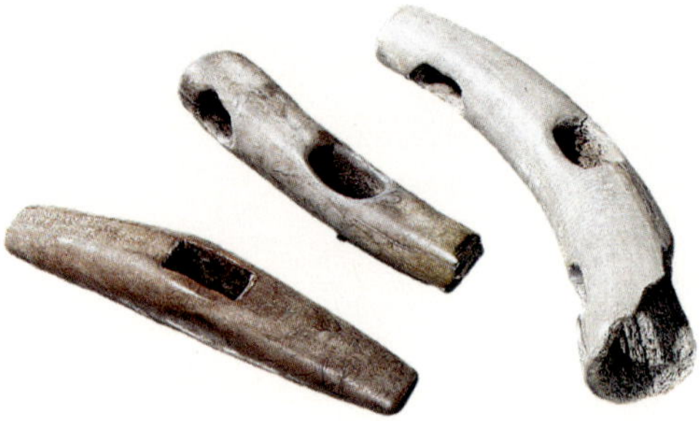

100 Zügelring

D-Bad Buchau-Kappel (1931)
Inv.-Nr. FMA 89-169. Eisenzeit,
um Christi Geburt.
Bronzener Zügelring aus einem
keltischen Weihefund, H 7,5 cm
Lit. Fischer 1959, Taf. 6

Zur Literatur

Den besten allgemeinen Einstieg ins Thema bietet das Sonderheft «Pfahlbauten rund um die Alpen» (Schlichtherle 1997b). Auch der zweibändige Katalog zur Ausstellung «Pfahlbauland» (Schweizerisches Landesmuseum 1990) ist ein zwar älteres, aber immer noch sehr brauchbares Nachschlagewerk.

Das Landesdenkmalamt Baden-Württemberg ist Herausgeber verschiedener Publikationen, in denen die Ergebnisse der Landesarchäologie veröffentlicht werden. Spezielles zur Pfahlbauarchäologie ist in folgenden Buchreihen veröffentlicht: Innerhalb der gebundenen Reihe «Forschungen und Berichte zur Vor- und Frühgeschichte in Baden-Württemberg» umfasst die «Siedlungsarchäologie im Alpenvorland» bereits sechs Bände. In der kartonierten Reihe «Materialhefte zur Vor- u. Frühgeschichte in Baden-Württemberg» sind bislang drei «Berichte zu Ufer- und Moorsiedlungen Südwestdeutschlands» erschienen. Vorberichte zu den laufenden Ausgrabungen erscheinen seit 1975 jährlich in den «Archäologischen Ausgrabungen in Baden-Württemberg». Alle Bücher werden vom Konrad Theiss Verlag in Stuttgart verlegt.

Der 71. Bericht der Römisch-Germanischen Kommission 1990 enthält zahlreiche archäologische und naturwissenschaftliche Beiträge zum Schwerpunktprogramm der Deutschen Forschungsgemeinschaft «Siedlungsarchäologische Untersuchungen im Alpenvorland».

Auf schweizer Seite gibt das Amt für Archäologie des Kantons Thurgau die Reihe «Archäologie im Thurgau» – zur Zeit zwölf Bände – heraus. Ständig aktuelle Informationen über Forschungen in Pfahlbausiedlungen der Ostschweiz können der jährlichen Fundstatistik im Jahrbuch der Schweizerischen Gesellschaft für Ur- und Frühgeschichte entnommen werden, Zusammenfassungen zum jeweiligen Forschungsstand enthalten die beiden «SPM-Bände» (Stöckli et al. 1995; Hochuli et al. 1998), die ebenfalls von der Schweizerischen Gesellschaft für Ur- und Frühgeschichte herausgegeben worden sind. Das Pfahlbaumuseum Unteruhldingen berichtet in der Zeitschrift «Plattform» seit 1992 regelmässig über seine Arbeit.

Weitere Informationen im Internet unter:

www.konstanz.alm-bw.de
www.pfahlbauten.ch
www.pfahlbauten.de
www.federseemuseum.de

Literaturverzeichnis

Akeret, Ö., Haas, J.N., Leuzinger, U. and Jacomet, S. (1999) Plant macrofossils and pollen in goat/sheep faeces from the Neolithic lake-shore settlement Arbon Bleiche 3, Switzerland. The Holocene 9, 175–183.

Antiquarische Gesellschaft in Zürich (2004) (Hrsg.) Pfahlbaufieber. Von Antiquaren, Pfahlbaufischern, Altertümerhändlern und Pfahlbaumythen. Mitteilungen der Antiquarischen Gesellschaft in Zürich 71. Zürich.

Brem, H., Bolliger, S. und Primas, M. (1987) Eschenz, Insel Werd III. Die römische und spätbronzezeitliche Besiedlung. Zürcher Studien zur Archäologie. Zürich.

Brem, H., Schnyder, M. und Leuzinger, U. (2001) Archäologische Schutzmassnahmen in den Seeufersiedlungen von Ermatingen TG-Westerfeld. Jahrbuch der Schweizerischen Gesellschaft für Ur- und Frühgeschichte 84, 7–28.

Brem, H. und Schlichtherle, H. (2001) Nasse Denkmäler – Chancen und Probleme des Kulturgutes unter Wasser, in: Hach, B. und Vosteen, M. (Red.) Was haben wir aus dem See gemacht? Kulturlandschaft Bodensee. Tagung der Projektgemeinschaft des Arbeitskreises Denkmalpflege am Bodensee im Rahmen der Europarat-Kampagne «Europa – ein gemeinsames Erbe», 22. September 2000. Landesdenkmalamt Baden-Württemberg, Arbeitsheft 10. Stuttgart, 19–30.

Behnke, H.-J. (2000) Untersuchungen zu Bestattungssitten der Urnenfelderzeit und der älteren Eisenzeit am Hochrhein. Leipzig.

Billamboz, A. (1987) Le bois raconte l'histoire des hommes et de la forêt. Archeologia 222, 30–38.

Brestrich, W. (1998) Die mittel- und spätbronzezeitlichen Grabfunde auf der Nordstadtterrasse von Singen am Hohentwiel. Forschungen und Berichte zur Vor- und Frühgeschichte in Baden-Württemberg 67. Stuttgart.

Bürgi, J. und Schlichtherle, H. (1986) Gefährdete Ufersiedlungen am Bodensee. Archäologie der Schweiz 9, 34–41.

De Capitani, A., Deschler-Erb, S., Leuzinger, U., Marti-Grädel, E. und Schibler, J. (2002) Die jungsteinzeitliche Seeufersiedlung Arbon-Bleiche 3. Funde. Archäologie im Thurgau 11. Frauenfeld.

Dieckmann, B. (1987) Die neolithischen Ufersiedlungen von Hornstaad-Hörnle am Bodensee, Kreis Konstanz. Arch. Ausgr. Baden-Württemberg 1987, 45–49.

Feldtkeller, A. und Schlichtherle, H. (1987) Jungsteinzeitliche Kleidungsstücke aus Ufersiedlungen des Bodensees. Archäologische Nachrichten aus Baden 38/39, 74–84.

Fischer, F. (1959) Der Depotfund von Kappel. Urkunden zur Vor- und Frühgeschichte Südwürttemberg-Hohenzollern 1. Stuttgart.

Fleckinger, A. (2002) Ötzi, der Mann aus dem Eis. Wien/Bozen.

Furger, R.A. und Hartmann, F. (1983) Vor 5.000 Jahren. Bern.

Furger, A., Fischer, C. und Höneisen, M. (1998) Die ersten Jahrtausende. Die Schweiz von den Anfängen bis zur Eisenzeit. Archäologie und Kulturgeschichte der Schweiz 1. Zürich.

Grüninger, I. und Kaufmann, B. (1982) Ein Steinkistengrab von Rapperswil. Archäologie der Schweiz 5, 72–75.

Hasenfratz, A. (1985) Eschenz – Insel Werd. 2. Das jungneolithische Schichtpaket III. Zürcher Studien zur Archäologie. Zürich.

Hasenfratz, A. (1997) Zur neolithischen Forschung im Thurgau. Archäologie der Schweiz 20, 46–50.

Hasenfratz, A. und Schnyder, M. (1998) Das Seebachtal. Eine archäologische und paläoökologische Bestandesaufnahme. Forschungen im Seebachtal 1. Archäologie im Thurgau 4. Frauenfeld.

Heumüller, M. (2000) Wege zur Insel Buchau am Federsee, Kr. Biberach. Inseln in der Archäologie: Vorgeschichte, klassische Antike, Mittelalter, Neuzeit. Intern. Kongress 10.–12. Juli 1998, Starnberg. München, 77–84.

Hochuli, S. (1994) Arbon-Bleiche. Die neolithischen und bronzezeitlichen Seeufersiedlungen. Archäologie im Thurgau 2. Frauenfeld.

Hochuli, S., Niffeler, U. und Rychner, V. (1998) (Hrsg.), Bronzezeit. SPM III, die Schweiz vom Paläolithikum bis zum frühen Mittelalter. Basel.

Höneisen, M. und Peyer, S. (1994) Schweizersbild – ein Jägerlager der Späteiszeit. Beiträge und Dokumente zur Ausgrabung vor 100 Jahren. Schaffhauser Archäologie 2. Schaffhausen.

Keefer, E. (1990) Eine früh- und mittelbronzezeitliche Moorsiedlung am Federsee in Oberschwaben. In: Schweizerisches Landesmuseum Zürich (Hrsg.), Die ersten Bauern 2, 171–175.

Keefer, E. (1992) Die Suche nach der Vergangenheit, 120 Jahre Archäologie am Federsee. Ausstellungskatalog Württembergisches Landesmuseum Stuttgart. Stuttgart.

Keefer, E. (1996) Rentierjäger und Pfahlbauern. 14 000 Jahre Leben am Federsee. Stuttgart.

Keller, F. (1854) Die keltischen Pfahlbauten in den Schweizerseen. Mitteilungen der Antiquarischen Gesellschaft Zürich 9, 1854.3, 65–100.

Keller-Tarnuzzer, K. und Reinert, H. (1925) Urgeschichte des Thurgaus. Ein Beitrag zur Schweizer Heimatkunde. Frauenfeld.

Kimmig, W. (1949/1950) Ein Grabfund der jüngeren Urnenfelderzeit von Singen am Hohentwiel. Prähist. Zeitschr. 34–35, 288–313.

Kimmig, W. (1992) Die «Wasserburg-Buchau» – eine spätbronzezeitliche Siedlung. Forschungsgeschichte-Kleinfunde. Materialhefte zur Archäologie in Baden-Württemberg 16. Stuttgart.

Kimmig, W. (2000) Die «Wasserburg-Buchau», Keramikfunde. Materialhefte zur Archäologie in Baden-Württemberg 58. Stuttgart.

Koch, G. (1984) Boote aus aller Welt. Berlin.

Kollmann, J.C. (1899) Fingerspitzen aus dem Pfahlbau von Corcelettes (Neuenburger See). Correspondenzblatt der deutschen Gesellschaft für Anthropologie, Ethnologie und Urgeschichte 30, Nr. 9, 86–91.

Köninger, J. (1996) Bodman-Schachen I. Die Frühbronzezeitlichen Ufersiedlungen (Tauchsondagen 1982–1984 und 1986). Unpublizierte Dissertation Universität Freiburg i.Br.

Köninger, J. (1998) Pfyn/Altheim – Michelsberg – Schussenried. Tauchsondagen in einer neu entdeckten Pfahlbausiedlung im Steeger See bei Aulendorf, Kreis Ravensburg. In: Biel, J., Schlichtherle, H., Strobel, M. und Zeeb, A. (Hrsg.) Die Michelsberger Kultur und ihre Randgebiete – Probleme der Entstehung, Chronologie und des Siedlungswesens. Kolloquium Hemmenhofen 21.–23.2.1997. Materialh. Arch. Baden-Württemberg 43. Stuttgart, 191–200.

Köninger, J. (1999) Nussdorf-Strandbad – Das Fundmaterial der Horgener Siedlung an der Liebesinsel, Überlingen-Nussdorf, Bodenseekreis. In: Schlichtherle, H. und Strobel, M. (1999a), 19–30.

Köninger, J. (2002) Tauchsondagen in den endneolithischen und frühbronzezeitlichen Ufersiedlungen von Ludwigshafen-Seehalde, Gde. Bodman-Ludwigshafen, Kreis Konstanz. Arch. Ausgr. Baden-Württemberg 2001, 44–49.

Köninger, J. (2001/2002) Oggelshausen-Bruckgraben – Funde und Befunde aus einer eisenzeitlichen Fischfanganlage im südlichen Federseeried, Gde. Oggelshausen, Krs. Biberach. Jahrbuch Heimat- und Altertumsverein Heidenheim an der Brenz 2001/2002, 34–56.

Köninger, J. und Lübke, C. (2001) Bemerkungen zur vorgeschichtlichen Fischerei im westlichen Bodenseegebiet und in Oberschwaben. Nachrichtenblatt Arbeitskreis Unterwasserarchäologie 8, 67–82.

Köninger, J., Mainberger, M., Schlichtherle, H. und Vosteen, M. (2002) (Hrsg.) Schleife, Schlitten, Rad und Wagen. Zur Frage früher Transportmittel nördlich der Alpen. Rundgespräch Hemmenhofen 10. Oktober 2001. Hemmenhofener Skripte 3. Freiburg.

Körber-Grohne, U. und Feldtkeller, A. (1998) Pflanzliche Rohmaterialien und Herstellungstechniken der Gewebe, Netze, Geflechte sowie anderer Produkte aus den neolithischen Siedlungen Hornstaad, Wangen, Allensbach und Sipplingen am Bodensee. Siedlungsarchäologie im Alpenvorland V. Forschungen und Berichte zur Vor- und Frühgeschichte in Baden-Württemberg 68. Stuttgart, 131–242.

Kolb, M. (1993) Die Horgener Siedlungen in Sipplingen. Ergebnisse taucharchäologischer Untersuchungen im Sipplinger Osthafen. Unpublizierte Dissertation Universität Freiburg i.Br.

Kraft, G. (1930) Der Sinkelosebuck bei Altenburg, Amt Waldshut. Badische Fundberichte 2, 4, 1930, 129–140.

Krause, R. (1997) Grab- und Bestattungssitten in der Frühbronzezeit. In: Archäologisches Landesmuseum Baden-Württemberg (Hrsg.) Goldene Jahrhunderte. Die Bronzezeit in Südwestdeutschland. ALManach 2. Stuttgart, 92–97.

Kreutle, R. (1997) Die Grabsitten der Urnenfelderzeit. In: Archäologisches Landesmuseum Baden-Württemberg (Hrsg.) Goldene Jahrhunderte. Die Bronzezeit in Südwestdeutschland. ALManach 2. Stuttgart, 108–115.

Leuzinger, U. (1997) Die jungsteinzeitlichen Kupferfunde aus dem Kanton Thurgau, Archäologie der Schweiz 20, 51–53.

Leuzinger, U. (2000) Die jungsteinzeitliche Seeufersiedlung Arbon-Bleiche 3. Archäologie im Thurgau 9. Frauenfeld.

Leuzinger, U. (2004) Die Heimkehr der «verlorenen» Kupferspirale. Plattform, Zeitschrift des Vereins für Pfahlbau und Heimatkunde e. V., 11/12.

Maier, U. (2001) Archäobotanische Untersuchungen in der neolithischen Ufersiedlung Hornstaad-Hörnle IA am Bodensee. Siedlungsarchäologie im Alpenvorland VI. Forschungen und Berichte zur Vor- und Frühgeschichte in Baden-Württemberg 74. Stuttgart.

Mainberger, M. (1998) Das Moordorf von Reute. Archäologische Untersuchungen in der jungneolithischen Siedlung Reute-Schorrenried. Staufen i.Br.

Mainberger, M. und Schlichtherle, H. (2003) Als Konstanz noch ein Pfahlbaudorf war – Untersuchung eines prähistorischen Pfahlfeldes in der Baugrube des «Seeuferhauses» in Konstanz am Bodensee. Arch. Ausgr. Baden-Württemberg 2002, 44–48.

Matuschik, I. und Schlichtherle, H. (2001) Zeitgenossen des Gletschermannes in Baden-Württemberg 3400–2800 v.Chr. Freiburg.

Moinat, P. (2003) Begraben auf engstem Raum. Archäologie in Deutschland 6, 54–57.

Mottes, E., Nicolis, F. und Schlichtherle, H. (2002) Kulturelle Beziehungen zwischen den Regionen nördlich und südlich der Zentralalpen während des Neolithikums und der Kupferzeit. In: Schneckenburger, G. (Dir.) Über die Alpen. Menschen, Wege, Waren. Archäologisches Landesmuseum Baden-Württemberg. Stuttgart, 119–135.

Müller-Beck, H.J. (1991) Die Holzgeräte. In: Waterbolk, H.T. und van Zeist, W. et al. (1991) Niederwil, eine Siedlung der Pfyner Kultur. Band IV: Holzartefakte und Textilien. Academica Helvetica. Bern, 13–234.

Nagy, G. (1999) Ürschhausen-Horn: Keramik und Kleinfunde der spätestbronzezeitlichen Siedlung. Forschungen im Seebachtal 2. Archäologie im Thurgau 6. Frauenfeld.

Neth, A. (2002) Ein ungewöhnlicher Friedhof der Urnenfelderzeit in Neckarsulm, Kr. Heilbronn. Arch. Ausgrabungen in Baden-Württemberg 2001. Stuttgart, 51–55.

Oberrath, S. (2003) Tod und Bestattung in der Bronzezeit. Tübingen.

Priuli, A. (1983) Felszeichnungen in den Alpen. Capo di Ponte/Ivrea.

Reinerth, H. (1929) Das Federseemoor als Siedlungsland des Vorzeitmenschen. Augsburg.

Reinerth, H. (1936) Das Federseemoor als Siedlungsland des Vorzeitmenschen. 2. Aufl. Leipzig.

Reinerth, H. (1938) Das Pfahldorf Sipplingen. 2. Aufl. Leipzig.

Rigert, E. (2001) A7 – Ausfahrt Archäologie. Prospektion und Grabungen im Abschnitt Schwaderloh-Landesgrenze. Archäologie im Thurgau 10. Frauenfeld.

Röber, R. (2000) Einbaum, Lastensegler, Dampfschiff. Frühe Schiffahrt in Südwestdeutschland. ALManach 5/6. Archäologisches Landesmuseum Baden-Württemberg. Stuttgart.

Ruoff, U. (1991) Leben im Pfahlbau. Bauern der Stein- und Bronzezeit am Seeufer. Solothurn.

Scheffrahn, W. (1979) Die jungsteinzeitlichen menschlichen Skelettfunde von Feldmeilen und ihre anthropologische Stellung zu den anderen Neolithikern des Zürichsee-Gebietes. Antike Welt 10, 60.

Schlichtherle, H. (1989) Pfahlbauten: die frühe Besiedlung des Alpenvorlandes. In: Siedlungen der Steinzeit: Haus, Festung und Kult. Spektrum der Wissenschaft. Reihe Verständliche Forschung, 140–153.

Schlichtherle, H. (1990) Die Sondagen 1973–1978 in den Ufersiedlungen Hornstaad-Hörnle I. Siedlungsarchäologie im Alpenvorland I. Forschungen und Berichte zur Vor- und Frühgeschichte in Baden-Württemberg 36. Stuttgart.

Schlichtherle, H. (1992) Taucharchäologische Untersuchungen in der Ufersiedlung Ludwigshafen-Seehalde, Gemeinde Bodman-Ludwigshafen, Kreis Konstanz. Arch. Ausgr. Baden-Württemberg 1991, 65–69.

Schlichtherle, H. (1997a) Häuser und Siedlungen der Bronzezeit. In: Archäologisches Landesmuseum (Hrsg.) Goldene Jahrhunderte. Die Bronzezeit in Südwestdeutschland. ALManach 2, Konstanz, 54–62.

Schlichtherle, H. (1997b) (Hrsg.) Pfahlbauten rund um die Alpen. Sonderheft 1997 der Zeitschrift «Archäologie in Deutschland». Stuttgart.

Schlichtherle, H. (1997c) Neolithische und bronzezeitliche Häuser in den Feuchtbodensiedlungen Südwestdeutschlands. In: Beck, H. (Hrsg.) Haus und Hof in ur- und frühgeschichtlicher Zeit. Göttingen, 86–136.

Schlichtherle, H. (2001) Erste Datierungen für die endneolithische Siedlung Bad Buchau-Torwiesen II am Federsee, Kreis Biberach. Arch. Ausgr. Baden-Württemberg 2000, 42–45.

Schlichtherle, H. (2003a) Remedellodolch in fremdem Griff? Nachrichtenblatt Arbeitskreis Unterwasserarchäologie 10, 77–85.

Schlichtherle, H. (2003b) Archäologische Kulturdenkmale in der Uferzone des Untersees. In: Kulturlandschaft Bodensee. Teil II – Untersee. Landesdenkmalamt Baden-Württemberg, Arbeitsheft 12. Stuttgart, 99–110.

Schlichtherle, H. und Wahlster, B. (1986) Archäologie in Seen und Mooren. Den Pfahlbauten auf der Spur. Stuttgart.

Schlichtherle, H. und Strobel, M. (1999a) (Hrsg.) Aktuelles zu Horgen – Cham – Goldberg – Schnurkeramik in Süddeutschland. Rundgespräche Hemmenhofen 26. Juni 1998. Hemmenhofener Skripte 1. Freiburg.

Schlichtherle, H. und Strobel, M. (1999b) (Hrsg.) Archäologie und Naturschutz im Federseemoor. Begleitheft zur Ausstellung. Stuttgart.

Schlichtherle, H., Vogt, R. und Herbig, C. (2003) Bauforschung, Phosphatkartierung und botanische Untersuchungen in den Häusern der Moorsiedlung Torwiesen II im Federseeried, Bad Buchau, Kreis Biberach. Arch. Ausgr. Baden-Württemberg 2002, 48–53.

Schmidt, R.R. (1930) Jungsteinzeit-Siedlungen im Federseemoor. Augsburg.

Schneider, G. (1937) Fundbuch und Katalog der Ausgrabung 1937 in der Wasserburg Buchau. Manuskript. Unteruhldingen.

Schöbel, G. (1996) Die Spätbronzezeit am nordwestlichen Bodensee. Taucharchäologische Untersuchungen in Hagnau und Unteruhldingen 1982–1989. Siedlungsarchäologie im Alpenvorland IV. Forschungen und Berichte zur Vor- und Frühgeschichte in Baden-Württemberg. Stuttgart.

Schöbel, G. (2000) Die spätbronzezeitliche Ufersiedlung «Wasserburg-Buchau», Kr. Biberach. In: Inseln in der Archäologie, Kongressbericht Starnberg 1998. Archäologie unter Wasser 3. Freiburg, 85–100.

Schöbel, G. (2001) Pfahlbaumuseum Unteruhldingen. Museumsgeschichte, Teil 1: 1929–1949. Unteruhldingen.

Schöbel, G. (2002a) Hans Reinerth. Forscher – NS-Funktionär – Museumsleiter. In: Leube, A. (Hrsg.) Prähistorie und Nationalsozialismus. Heidelberg, 321–396.

Schöbel, G. (2002b) Wagenfunde aus der «Wasserburg Buchau», Landkreis Biberach. Hemmenhofener Skripte 3. Freiburg, 43–50.

Schöbel, G. (2003) Pfahlbaumuseum Unteruhldingen, Führer durch das Museum. Markdorf.

Schweizerisches Landesmuseum Zürich (1990) (Hrsg.) Die ersten Bauern. Pfahlbaufunde Europas. Forschungsberichte zur Ausstellung im Schweizerischen Landesmuseum und zum Erlebnispark/Ausstellung Pfahlbauland in Zürich. 2 Bände. Zürich.

Seidel, U. (1995) Bronzezeit. Sammlungen des Württembergischen Landesmuseums Stuttgart 2, 101.

Spindler, K. (1995) Der Mann im Eis. Neue Funde und Ergebnisse. Veröffentlichungen des Forschungsinstitutes für Alpine Vorzeit der Universität Innsbruck 2. Wien/New York.

Steiner, D. (1997) Kindheit und Spiel. Archäologische Spuren. Archäologie der Schweiz 20, 97–101.

Stöckli, W.E., Niffeler, U. und Gross-Klee, E. (1995) (Hrsg.) Neolithikum. SPM II, die Schweiz vom Paläolithikum bis zum frühen Mittelalter. Basel.

Strobel, M. (2000a) Alleshausen-Hartöschle – eine Siedlung der Schussenrieder Kultur im nördlichen Federseemoor (Kr. Biberach). Die Ausgrabungen 1984, 1992 und 1993. Berichte zu Ufer- und Moorsiedlungen Südwestdeutschlands III. Materialhefte zur Vor- und Frühgeschichte in Baden-Württemberg 52, 123 – 285.

Strobel, M. (2000b) Die Schussenrieder Siedlung Taubried I im südlichen Federseemoor (Bad-Buchau, Kr. Biberach). Stuttgart.

Strobel, M. (2002) Die Ausgrabungen des Reichsbundes für Deutsche Vorgeschichte. In: Leube, A. (Hrsg.) Prähistorie und Nationalsozialismus. Heidelberg, 277–287.

Tarr, L. (1978) Karren – Kutsche – Karosse. Berlin.

Vosteen, M.-U. (1999) Urgeschichtliche Wagen in Mitteleuropa. Eine archäologische und religionswissenschaftliche Untersuchung neolithischer bis hallstattzeitlicher Befunde. Freiburger Studien zur Archäologie 3. Rahden/Westfalen.

Wahl, J. (2002) Nur Männer «im besten Alter»? Erste anthropologische Erkenntnisse zum urnenfelderzeitlichen Friedhof von Neckarsulm, Kr. Heilbronn. Arch. Ausgrabungen in Baden-Württemberg 2001, 55–56.

Weinert, H. (1932) Die menschlichen Skelettreste. In: Reinerth, H. (Hrsg.) Das Pfahldorf Sipplingen am Bodensee. Ergebnisse der Ausgrabungen des Bodenseegeschichtsvereins 1929/30. Leipzig, 119–121.

Winiger, J. und Joos, M. (1976) Feldmeilen-Vorderfeld. Die Ausgrabungen 1970/71. Antiqua 5. Basel.

Winiger, J. und Hasenfratz, A. (1985) Ufersiedlungen am Bodensee. Archäologische Untersuchungen im Kanton Thurgau 1981–1983. Antiqua 10. Basel.

Wollinsky, B. (2001) Das St. Galler Linthgebiet im Neolithikum. Unpublizierte Lizentiatsarbeit Universität Zürich.

Wyss, R. und Scheffrahn, W. (1998) Das neolithische Hockergräberfeld von Lenzburg, Kt. Aargau. Archäologische Forschungen. Zürich.

Abbildungsnachweis

Amt für Archäologie des Kantons Thurgau: S. 15.3–5, S. 23, S. 27, S. 45, S. 47.1, S. 48–52, S. 53.3, S. 63.4, S. 79.3, D. Steiner; S. 29.2, E. Belz; S. 42, M. Schnyder.

Amt für Städtebau Zürich, Dendrolabor: S. 37.1.

Antiquarische Gesellschaft Zürich: S. 11, F. Keller.

Archäologisches Landesmuseum Baden-Württemberg, Konstanz: S. 63.3, S. 77.4.

Centre National des Recherches Scientifiques (CNRS): S. 57.3, S. 81.4, P. Pétrequin.

de Lumley, H. (1995) Le grandiose et le sacré. Paris: S. 81.6.

Département des Recherches Archéologiques Subaquatiques et Sous-Marines, Annecy: S. 59.2, A. Marguet.

Dyrek Museum Archeologicznego Posen, Polen: S. 78.

Faller, F., Stahlstich, Gartenlaube, August 1864, Berlin: S. 15.2.

Federseemuseum Bad Buchau: S. 77.5, S. 83.7.

Gewässerdirektion Ravensburg: S. 43.4.

Historisches Museum Bern: S. 14.1.

Irniger, M. (1991) Der Sihlwald und sein Umland. Waldnutzung, Viehzucht und Ackerbau im Albisgebiet von 1400 – 1600: S. 81.5.

Kantonsarchäologie Zürich: S. 68.

Kantonsarchäologie St. Gallen: 69.2.

Koch (1984): S. 77.3 (Abb. 4).

Landesdenkmalamt Baden-Württemberg: S. 25, M. Heumüller, H. Schlichtherle, H. Brockschläger; S. 29.4, H. Schlichtherle, J. Köninger; S. 30.1–5, H. Schlichtherle, M. Heumüller, M. Kinsky, G. Schöbel; S. 31.6–7, H. Schlichtherle, T. Leonhardt, A. Kalkowski, W. Hohl; S. 32.1–2, A. Kalkowski, G. Schneider; S. 33.3–4, S. 38.1, A. Kalkowski; S. 34.1, M. Kinsky; S. 35.2–6, M. Mainberger, W. Hohl, P. Schwörer; S. 37.2, A. Billamboz; S. 39.4–5, H. Schlichtherle, A. Kalkowski; S. 40.1–2, M. Heumüller, H. Schlichtherle; S. 41, S. 47.2, S. 53.4, S. 73, S. 76.1, S. 80.1, S. 80.3, S. 85, LDA Baden-Württemberg; S. 43.2–3.6–7, H. Schlichtherle, O. Braasch, M. Kinsky; S. 61, S. 62.1, M. Schreiner; S. 75, M. Strobel; S. 82.1–2, H. Schlichtherle.

Luley, H. (1992) Urgeschichtlicher Hausbau in Mitteleuropa. Universitätsforschungen zur prähistorischen Archäologie 7. Bonn: S. 29.3.

Mottes/Nicolis/Schlichtherle (2002): S. 83.4.

Müller, J. und Bernbeck, R. (1996) (Hrsg.) Prestige – Prestigegüter – Sozialstrukturen. Beispiele aus dem europäischen und vorderasiatischen Neolithikum. Archäologische Berichte 6. Bonn, 82: S. 76.2.

Pfahlbaumuseum Unteruhldingen: S. 7, S. 21.1–2, S. 66, S. 83.8, S. 121, G. Schöbel; S. 16.1, S. 19.3, H. Reinerth; S. 17.2–3, S. 19.2, H. Dürr; S. 18.1 Thienemanns Verlag Stuttgart/Pfahlbaumuseum Unteruhldingen; S. 19.4, M. Mörtel; S. 57.1, G. Embleton; S. 55, S. 57.2, S. 59.3, S. 60, S. 63.4, S. 64.1–3, S. 65.5, S. 67, S. 69.3, 80,2, F. Müller; S. 70–71, F. Müller, R. Schall, R. Mayer.

Priuli, A. (1983): S. 58.1.

Raetzel-Fabian, D. (2000) Die ersten Bauernkulturen. Jungsteinzeit in Nordhessen. Vor- und Frühgesch. Hess. Landesmuseum. Kassel Heft 2, 2. Auflage. Kassel: S. 79.2.

Ruoff, U.: S. 38.3.

Schweizerisches Landesmuseum, Zürich: S. 83.6.

Stöckli/Niffeler/Gross-Klee (1995): S. 29.1.5 (Abb. 135).

Tarr (1978): S. 81.7.

terramare – Archäologische Dienstleistungen, J. Königer: S. 38.2; S. 43.5.

Württembergisches Landesmuseum Stuttgart: S. 62.2, S. 65.4, S. 74, S. 83.3, S. 83.5, H. Zwietasch.

Dank

Wir danken folgenden Personen ganz herzlich: R. Auer, H. Bärlocher, T. Baum, M. Baumhauer, A. Beck, A. Billamboz, M. Blender, H. Brem, H. Brockschläger, J. Bürgi, E. Czarnowski, R. Dehn, B. Dieckmann, G. Embleton, M. Erne, M. Fiebelmann, A. Furger-Gunti, H. Giess, M. Graf, J. Heiligmann, W. Hohl, G.Kaenel, M.-A. Kaeser, A. Kalkowski, B. Kaufmann, E. Keefer, K. Kiefer, M. Kinsky, J. Köninger, U. Maier, M. Mainberger, A. Marguet, J. Petrasch, P. Pétrequin, D. Planck, D. Preuschhofft, K. Richter, M. Rösch, M. Schindler, P. Schmidt, S. Schöbel, M. Schreiner, D. Steiner, R. Stephan, B. Theune-Grosskopf, E. von Gleichenstein, M. Vosteen, J. Wahl, P. Walter, P. Wollkopf, M. Woltersdorf, H. Zwietasch.